Berbée

Hans Ritz
Die Geschichte vom Rotkäppchen
Ursprünge, Analysen, Parodien eines Märchens
10., abermals erweiterte und
neu bearbeitete Auflage
Muriverlag

Hans Ritz ist als freier wissenschaftlicher Schriftsteller und als Märchenerzähler in verschiedenen Branchen tätig. Veröffentlichungen: (Hrsg.) Bilder vom Rotkäppchen, Das Märchen in 100 Illustrationen, Karikaturen und Cartoons (vergriffen); Ringelsternchen, Gedichtsel, 2., neu gestaltete Ausgabe (lieferbar); Die Sehnsucht nach der Südsee, Bericht über einen europäischen Mythos, 2., druckfehlerärmere Auflage (lieferbar). Und anderes.

Die Deutsche Bibliothek – CIP-Einheitsaufnahme

Ritz, Hans:
Die Geschichte vom Rotkäppchen : Ursprünge, Analysen, Parodien eines Märchens / Hans Ritz. – 10., abermals erw. und neu bearb. Aufl. – Göttingen : Muriverl., 1992
ISBN 3-922494-10-2

10., abermals erweiterte und
neu bearbeitete Auflage 1992

Satz und Druck: Grafische Werkstatt
von 1980 GmbH, Kassel
MURIVERLAG, Postfach 1765, D-3400 Göttingen

Aus dem Inhalt

Eine Geschichte, die sich nicht auf mindestens drei verschiedene Arten interpretieren läßt, kann nicht gut sein. (Milo Dor)

Ein Mädchen steht im Walde und hat ein rotes Käppchen auf. Sag, wer mag das Mädchen sein? Das ist leicht zu beantworten. Aber woher es kommt, was aus ihm wird und wie man es verstehen kann, das ist eine knifflige Frage. Welche Ursprünge dieses Histörchen hat, wie es immer wieder verändert und umgedeutet wurde – all das gewährt Aufschluß über unsere eigene Geschichte. Das Märchen ist der Spiegel an der Wand, in dem sich jede Epoche neu gesehen hat. Rotkäppchen ist die Schönste im ganzen Land, das wohl bekannteste, beliebteste, meistvariierte Märchen, und von seiner Geschichte soll hier berichtet werden. Das ist nicht so einfach, das Material ist immens, und mancher Rotkäppcheninterpret, der sich in den schier unauslotbaren Bereichen der Psychologie verlor und mysteriösen Bedeutungen nachjagte, verdiente sich den Beinamen, den Friedrich Theodor *Vischer* erfand: Deutobold Symbolizetti Allegoriowitsch Mystifizinsky. Unser Anspruch ist eingeschränkter; wir wollen nicht in den trügerischen Nebelbänken der Seelengeheimnisse verschütt gehen, sondern den Spuren eines kleinen Mädchens durchs Dickicht der Überlieferungen folgen, von den verschiedensten Fassungen Kenntnis nehmen, wissenschaftliche Theoreme durchspielen und den interpretatorischen Tiefsinn attackieren. Wir beabsichtigen nicht, das Märchen auf ein einziges reizloses Motiv hinzubiegen. Im Gegenteil, wir möchten ihm vielfältige Reize abgewinnen und das Lehrreiche mit dem Vergnüglichen verknüpfen.

Ach, was muß man oft von bösen Wölfen hören oder lesen! Sie laufen im Walde so vor sich hin, und junge Mädchenblüten zu pflücken, danach steht ihnen der Sinn. Bosheit sagte man den Wölfen seit geraumer Zeit nach, die biologische Forschung hat die Legende längst widerlegt, der böse Wolf ist ein Fabelwesen, das in den Märchen als fiktive Schreckensgestalt seine Dienste verrichten muß. Zu den Wölfen, die es früher in großer Schar gab, zählt eine sagenumwobene Art, deren Namen ohne Schwierigkeiten im Singular dekliniert werden kann: der Werwolf. Ein Werwolf könnte anfangs der Wolf des Rotkäppchenmärchens gewesen sein; zumindest taucht er in etlichen Varianten auf, die Marianne *Rumpf* und Paul *Delarue* zusammengestellt haben. Diese vom Volksmund überlieferten Fassungen lassen vermuten, daß es sich um eine steinalte Erzählung handelt – im 17. Jahrhundert erhielt sie dann durch Charles Perrault und im 19. Jahrhundert durch die Gebrüder Grimm ihre bis heute dominierende Form. Später wurde die Geschichte immer mehr abgemildert: Grimms böser Wolf ist beinahe ein gemütlicher Geselle, verglichen mit dem Unhold, der in den alten Volksversionen geschildert wird.

Die meisten mündlichen Gruselstories stammen aus dem romanischen Raum, vorwiegend aus Frankreich, und der befremdliche Umstand, daß da ein werwolfartiges Wesen sein Unwesen treibt, wird auf dem historischen Hintergrund verständlicher: nicht nur Frauen wurden in früheren Jahrhunderten als Hexen verfolgt, sondern auch Männer als Werwölfe (nur in manchen Fällen wurden Frauen und Jungen beschuldigt, Werwölfe zu sein). Vor allem im 16. und 17. Jahrhundert ging durch Frankreich eine Prozeßwelle gegen Personen, die angeklagt wurden, kleine Mädchen und Knaben verspeist zu haben. Ob diese Geschichten aus der hysterischen Grundtendenz jener Zeitläufte zu erklären sind oder ob wir, wie Hans-Peter *Duerr* zur Debatte stellt, in den Mannwölfen Individuen erblicken können, die den Zaun zwischen Wildnis und Zivilisation überspringen und ihre innere Tiernatur nach außen kehren, weiß ich nicht. Es ist auch schwer zu beurteilen, ob Tierwölfe in jenen Jahrhunderten Menschen angefallen haben oder ob man mit Erik *Zimen* die Glaubwürdigkeit der damaligen Berichte in Zweifel ziehen muß. Auf jeden Fall liegt der Gedanke nahe, daß man den Tierwolf, der nicht böse war, sondern hungrig, ebenso dämonisierte wie den Menschwolf, der vielleicht geistesgestört war oder lediglich – im wörtlichen Sinne – verrückt spielte. Wie auch immer, bei der Lektüre der werwölfischen Untaten drängt sich unwillkürlich das Wort Schauermärchen auf, und es erscheint nicht zufällig, daß nach dem Aufweis Marianne Rumpfs in der Nähe der Gebiete, wo man Mannwölfen den Prozeß machte, noch viele Jahre später grausame Rotkäppchenversionen von Volksmund zu Volksmund weitererzählt wurden.

Die bluttriefende Archaik solcher Geschichten wird verstärkt durch kannibalische Elemente. Führen wir uns als Beispiel eine französische Volksversion zu Gemüte, die Ernst *Tegethoff* ins Deutsche übersetzt hat und die als bedeutsam gelten kann, obwohl sie nicht in allen Einzelheiten mit den anderen mündlichen Varianten übereinstimmt. Der Wolf ist vor Rotkäppchen zur Großmutter geeilt und hat sie getötet. Was von ihrem Fleisch übriggeblieben ist, stellt er in den Schrank, und ihr Blut tut er in eine Schüssel auf den Tisch. Als Rotkäppchen nichtsahnend eintrifft, ist es hungrig.

> „Da! Öffne den Schrank, darin findest du Fleisch. Iß davon!" Und während die Kleine von dem Fleische aß, sagte der Wolf: „Ho! Die Kleine ißt das Fleisch, das Fleisch ihrer Großmutter! Das Fleisch ihrer Großmutter!" „Was sagst du da, Großmutter, daß ich dein Fleisch esse?" „Ach nein, ich sagte, du solltest dich beeilen, daß du ins Bett kommst."
>
> „Ach Großmutter, ich habe argen Durst!" „Da! Trink aus dieser Schüssel mit Wein, die auf dem Tische steht!" Während sie trank, sagte der Wolf: „Ho! Die Kleine trinkt das Blut, das Blut ihrer Großmutter! Das Blut ihrer Großmutter!" „Was sagst du da, Großmutter,

daß ich dein Blut trinke?" „Ach nein, ich sagte, ich wäre nun bald hundert Jahre alt." „Ach Großmutter, ich bin sehr müde!" „Gut, so leg dich zu mir!"

Als Rotkäppchen im Bette lag, fand es im Bett ganz behaarte Beine. „Mein Gott, Großmutter, was hast du für viele Haare an den Beinen!" „Das kommt vom Alter, mein Kind!" „Mein Gott, Großmutter, was hast du für eine rauhe Stimme!" „Damit du mich besser verstehen kannst!" „Mein Gott, Großmutter, was hast du für lange Ohren!" „Damit ich dich besser hören kann, mein Kind!" „Mein Gott, Großmutter, was hast du für eine große Nase!" „Damit ich dich besser riechen kann, mein Kind!" „Mein Gott, Großmutter, was hast du für leuchtende Augen!" „Damit ich dich besser sehen kann, mein Kind!" „Mein Gott, Großmutter, was hast du für lange Zähne!" „Damit ich dich besser fressen kann, mein Kind!" Und happ, verschlang es der Wolf.

Die befremdenden und unverständlich erscheinenden Kannibalismen hat Anselmo *Calvetti*, ausgehend von einer ähnlichen Variante aus der italienischen Romagna (bei der das Mädchen jedoch wieder aus dem Wolfsbauch herauskommt), auf verblüffende Weise zu erklären versucht. Er stellt die Rotkäppchengeschichte in den Zusammenhang der uralten Initiationsriten, die jeweils zu Beginn der Pubertät stattfanden und durch die den Jugendlichen die volle Mitgliedschaft im Clan zuerkannt wurde. Im Laufe der Riten mußten die jungen Leute in gewissem Sinne sterben und als neue Menschen wiederauferstehen: es wurde vorgestellt und symbolisch vorgespielt, daß sie von einem Tierungeheuer verschlungen wurden, eine Zeit lang in dessen Bauch blieben und dann wieder ans Tageslicht kamen. Diese Riten zelebrierte man im dichten Wald und verband sie mit körperlichen Torturen sowie mit kannibalischen Akten. Das Tierungeheuer stellte das Totemtier des Clans dar: durch das Verschlungenwerden und durch die kannibalischen Akte wurde eine mythische Identität mit den Ahnen (Großmutter!) und dem die Einheit des Clans repräsentierenden Tier hergestellt – ein Psychodrama, das den Einzelnen fest an die Gemeinschaft binden sollte. Wer aus dem Bauch der Bestie wieder auftauchte, dem wurde magische Kraft zugeschrieben und eine erfolgreiche Jägerkarriere vorausgesagt.

Die berühmten Fragen, die an das wilde Tier gestellt werden und die in fast allen Rotkäppchenversionen vorkommen, könnten nach Calvettis Interpretation als liturgisches Dialogritual verstanden werden, das zur magischen Zeremonie gehört: wer die großen Beine, Arme, Augen, Ohren, Zähne zugleich bewundernd und schaudernd beschwört, der wird nach Verschlingung und Wiedergeburt auch über solche Körpermerkmale verfügen und das zu jagende Wild besser sehen, besser hören, besser verfolgen und besser fressen können. Wenn diese Erklärungshypothese stimmt, die einige frappante Gemeinsamkeiten enthüllt und noch auf weitere Details ausgedehnt wird, dann ist es möglich, die Urform der Rotkäppchengeschichte nicht nur bis zu den Werwölfen, sondern bis zur Frühgeschichte der Menschheit zurückzuverfolgen. Allerdings gibt die Hypothese wenig her für die heutige Funktion des Märchens und für den psychologischen Inhalt, der in der Neuzeit hineingelegt wird. Eine Verbindung zwischen archaischer und moderner Funktion ergäbe sich allenfalls aus der Möglichkeit, daß die alte Kulthandlung, wie Samuel *Singer* bei ähnlichen Beispielen vermutet, in kindliche Fragespiele („Was hast du für große Ohren?" etc.) transformiert wurde. Inzwischen hat Anselmo Calvetti in weiteren Veröffentlichungen seine Hypothese weitergeführt, und jeder, der Italienisch kann, mag seinen Gedankengängen nachspüren.

In der zitierten französischen Volksversion und in einer Reihe anderer mündlicher Varianten ist von Wiedergeburt keine Rede, der Wolf triumphiert, und auch in der literarischen Fassung, die Charles *Perrault* 1697 in Paris drucken ließ, ist das Ende schlimm. Perrault hat jedoch die schauererregende Menschenfresserei beiseite gelassen; er nahm Rücksicht auf sein Publikum, das durch grausige Schilderungen schockiert worden wäre, das kaum mehr an leibhaftige Werwölfe glaubte und dem die archaischen Riten nicht geläufig waren. Er war eine Art Hofdichter, der seine Märchensammlung hochgestellten Aristokratinnen widmete, ziemlich konventionell den Geschmäckern seiner Zeit folgte und auch – wie es damals üblich war – der Geschichte eine lehrhafte Moral anhängte. So entsteht aus dem mutmaßlichen Initiationsmythos und dem handfesten Schauermärchen ein fabelähnlicher Zeigefingerzeig. Die Geschichte wird pädagogisiert und zielt darauf ab, die Jugendlichen mithilfe eines einprägsamen Beispiels vor dem Laster zu warnen. Die Untugend besteht darin, daß Rotkäppchen den Verführungskünsten des Wolfes nachgibt. Sexualität wird als animalisch hingestellt.

In der Wortwahl kommt die Erotik klar zum Ausdruck. Das kleine Mädchen geht los, um der Großmutter Fladen und Butter zu bringen. Es trifft auf den Wolf, der es am liebsten sofort auffressen möchte und nur wegen der Nähe einiger Holzfäller einen günstigeren Moment abwartet. Er eilt erst zur Großmama, verschlingt sie ohne viel Federlesen, legt sich ins Bett und erwartet Rotkäppchen, das auf einem anderen Weg nachgekommen ist.

> Als der Wolf sah, daß es hereinkam, versteckte er sich im Bett unter der Decke und sagte zu ihm: „Stell den Fladen und den kleinen Topf Butter auf den Backtrog und leg dich zu mir."
>
> Das kleine Rotkäppchen zieht sich aus und geht hin und legt sich ins Bett, wo es zu seinem allergrößten Erstaunen sah, wie seine Großmutter ohne Kleider beschaffen war. Es sagte zu ihr: „Großmutter, was habt Ihr für große Arme!" „Damit ich dich besser umfangen kann, mein Kind!"

Das Zubettgehen wird nicht damit motiviert, daß die Kleine einfach müde ist; der Wolf sagt ohne Umschweife, sie solle sich zu ihm legen. Im französischen Originaltext heißt es noch direkter: „... viens te coucher avec moi." Rotkäppchen zieht sich sogleich aus, schlüpft nackt ins Bett, wundert sich, wie die Großmutter in unbekleidetem Zustand aussieht, stellt Fragen nach den großen Armen, worauf es eine hintersinnige Antwort zu hören bekommt – all das ist eindeutig zweideutig, und wer immer noch zweifelt, ob die erotische Sphäre gemeint sei, möge sich die fade Moral anhören, die auf dem Fuße folgt, nachdem das Mädchen aufgefressen und die Handlung beendet ist. Der Wolf wird durch deutliche Andeutungen mit den männlichen Verführern gleichgesetzt, die mit schönen Reden böse Absichten verhüllen und den Mädchen nachstellen, um deren Vertrauen auszunutzen. Ausgerechnet die lieben, lieben Softiewölfe sind die allerschlimmsten. Man staune und höre und lese den Epilog in der Übertragung von Ulrich Friedrich *Müller*:

Hier sieht man, daß ein jedes Kind
und daß die kleinen Mädchen (die schon gar,
so hübsch und fein, so wunderbar!)
sehr übel tun, wenn sie vertrauensselig sind,
und daß es nicht erstaunlich ist,
wenn dann ein Wolf so viele frißt.
Ich sag: ein Wolf, denn alle Wölfe haben
beileibe nicht die gleiche Art:
da gibt es welche, die ganz zart,
ganz freundlich leise, ohne Böses je zu sagen,
gefällig, mild, mit artigem Betragen
die jungen Damen scharf ins Auge fassen
und ihnen folgen in die Häuser, durch die Gassen.
Doch ach, ein jeder weiß, gerade sie, die zärtlich werben,
gerade diese Wölfe locken ins Verderben.

Perraults Rotkäppchenmärchen, gegen Ende des 17. Jahrhunderts gedruckt, erlangte schnell weite Verbreitung, wurde im 18. Jahrhundert ins Deutsche übertragen und lebte als immergrünes Erziehungsmärchen im Bürgertum weiter. In Deutschland wurde ihm in der Folgezeit ein neuer Schluß angehängt, und dieser Sachverhalt wirft ein relativierendes Licht auf die von *Benjamin* und *Bloch* ausgehende These, daß im Märchen die finstere Gewalt besiegt und daß der Bedrohte letztendlich gerettet werde. In diese Verallgemeinerung, die auf viele, aber nicht auf alle Märchen paßt (unter anderem kaum auf die außereuropäischen Märchen der Afrikaner, Indianer und Eskimos), ist wohl ein Schuß deutscher Sehnsucht nach Versöhnung eingegangen. Auf etliche französische Ursprungsversionen trifft sie jedenfalls nicht zu: der Wolf frißt die Kleine auf, und damit basta (zwar gab es vor einiger Zeit unwissende Pseudoforscher und noch viel unwissendere Journalskribler, welche sich mit der Behauptung blamierten, es gebe keine einzige Volksversion, die damit ende, daß Rotkäppchen vom Wolf getötet werde, doch sind diese Ignoranten und Scharlatane längst in der Versenkung verschwunden). In Deutschland wird das Märchen immer harmloser; nun werden Rotkäppchen und die Großmutter, kaum daß sie verschluckt worden sind, von einem braven Jägersmann gerächt, und die meisten erotischen Anspielungen werden getilgt. Es gab sogar zeitweise – Lutz *Röhrich* zufolge – eine deutsche Kinderbuchausgabe, in der die Oma nur geknebelt wurde, das Rotkäppchen entwischen konnte und selbst der Wolf aus Gründen des Tierschutzes mit dem Leben davonkam. Hier trieft es nicht von Blut, sondern von Gutherzigkeit, und der deutsche Michel, dem in Gesellschaft und Politik soviel Garstiges widerfuhr, durfte sich an seiner heilen Märchenwelt schadlos halten.

Die erste deutsche Rotkäppchenfassung ist keineswegs die Grimmsche, vielmehr ein Märchendrama von Ludwig *Tieck* aus dem Jahre 1800. Es ist eine huschige Bearbeitung des Perraultschen Märchenstoffs, mit holperigen Versen, Ach-und-

Krach-Reimen und süßlichen Pastoralszenen. Zum ersten Mal wird die rote Kappe, die in den Volksversionen gar nicht genannt wird, zum Gegenstand von Erörterungen. Tiecks Rotkäppchen sagt mehrmals, daß „keine Farbe über Rot geht", die Großmutter mahnt, daß man in schwarzer, ehrbarer Kleidung zur Konfirmation gehen müsse und nicht mit einer roten Mütze, die man zum Tanzen aufziehe, aber das Mädchen beharrt auf der roten Farbe gegenüber der Großmutter und gegenüber dem neu ins Spiel kommenden Jäger, verweist auf die roten Blüten im Wald, auf das hübsche Rot der Rotkehlchen, auf die roten Lippen und auf andere schöne Dinge. „Das Rot macht gleich die Augen rege", sagt es; die Vorliebe für Rot ist Ausdruck seiner Freude an bunter Farbigkeit und lustigem Leben.

Es könnte aber auch, wie Hans-Wolf *Jäger* dargelegt hat, die zeithistorische Ausstrahlung der französischen Revolution hineinspielen, deren Beginn zum Zeitpunkt der Tieckschen Publikation erst 11 Jahre zurücklag: die rote Mütze war ein damals häufig gebrauchtes Symbol für die Jakobiner, und der ‚Monsieur Wolf', wie er in Tiecks Drama apostrophiert wird, redet von Fortschritt, Freiheit, Selbständigkeit, Widerstand gegen Aberglauben und Knechtschaft. Das sind Ideen, die durchaus mit den Geschehnissen in Frankreich zusammenhängen können, zumal der Wolf eine zeittypische Metapher war, die von den Feinden der Revolution auf deren Protagonisten gemünzt wurde. Allerdings wird das rote Käppchen, das außerdem schon lange vor der Revolution – wenn auch beiläufig – bei Perrault auftaucht, von Tieck ausführlich durch unpolitische Vorlieben motiviert. Sollte es etwas mit dem Jakobinersymbol zu tun haben, so ist nicht einsichtig, warum der Wolf, der doch jakobinerähnliche Ansichten äußert, der Feind Rotkäppchens ist (in dem Stück wird das so begründet: der Wolf wird von den Menschen, zum Beispiel von Rotkäppchens Vater, schlecht behandelt und will sie nun auffressen, weil sie seine Liebe nicht erwidern und weil sie seine

Frau ebenfalls mißhandeln). Es ist nicht auszuschließen, daß zeitaktuelle Dinge hintergründig mitspielen, aber sie sind schwach angedeutet und reichen nicht zu einer allegorischen Identifizierung (Wolf = Progressist) aus.

Auch die Figur des Jägers, die neu auf den Plan tritt, kann nicht ohne weiteres – zumindest bei Tieck nicht – als Fürstenknecht verstanden werden, der den wölfischen Aufrührer zur Strecke bringt. Im Tieckschen Stück figuriert der Jäger als Mann, der im Wald umherrennen muß, sich am Tabak erfreut, von Rotkäppchen einen Kuß erhaschen will und hinter dem Wolf herjagt. Von einem Auftrag der Obrigkeit ist nirgends die Rede. Nachdem sich der Wolf die beiden Frauen einverleibt hat, schreien die Rotkehlchen erbärmlich; der aufmerksam gewordene Jäger schaut zum Fenster herein und schießt den Wolf tot, damit die moralische Weltordnung wiederhergestellt ist. Das ist weniger ein politisches Motiv als eine Allerweltsweisheit, die in Reimdichoderichfreßdichmanier das Stück beschließt:

Daß Gott erbarm! ich schieße zum Fenster hinein. –
Da liegt der Wolf und ist auch todt,
So muß für alles Strafe seyn,
Er schwimmt in seinem Blute roth.
Es kann einer wohl ein Verbrechen begehn,
Doch kann er nie der Strafe entgehn.

Das Ende ist anders als bei Perrault, aber ebenfalls unglücklich: die beiden Menschen müssen unwiderruflich dran glauben, und es wird eine Schlußszene dazugetan, in der das Tier mit dem Leben büßen muß. Die Grimmsche Fassung fügt einen weiteren Schluß hinzu, der fast gänzlich positiv ist; der Jägersmann erscheint wiederum als homo ex machina, und jetzt macht er erst dem Isegrimm den Garaus und befördert sodann die Alte nebst Enkelin unversehrt ans Tageslicht. Die Historie scheint Aufschlüsse über diese Wende der Dinge zu geben. Um 1789 treten, wie *Bloch* im ‚Prinzip Hoffnung' festhält, die Rettungsstücke und Rettungsmärchen gehäuft auf – als Zeichen der Möglichkeit, von Elend und Tyrannei befreit zu werden. Das Motiv ist vermutlich auch mit dem spezifisch deutschen Bedürfnis nach Errettung liiert, das in der Dichtung, Musik und Philosophie jener Zeit spürbar wird. Man könnte sogar, auf anderer Ebene, die hypothetische Frage untersuchen, ob man auch deswegen auf die Figur des Jägers verfiel, weil er in den deutschen Wäldern eine vertraute Erscheinung war, im Unterschied zu Frankreich, wo die Jagd eher von den hohen Herrschaften persönlich ausgeübt wurde. Das alles sage ich nicht, um die Grimmsche Fassung auf Zeiterscheinungen zu reduzieren oder um einen abstrakten Bedeutungsgehalt herauszuklauben. Solche Verbindungslinien lassen sich nicht mit unanfechtbarer Sicherheit ziehen, und es geht mir nicht um die Anhäufung geistesgeschichtlichen und zeithistorischen Materials, von dem der Märchentext erdrückt wird. Der Hintergrund ist dazu da, daß sich der Gegenstand von ihm abhebt.

Die Figur des Jägers, der den Wolf erlegt, ist nicht das einzige, was die Grimms von Tieck übernehmen. Wie Rolf *Hagen* nachgewiesen hat, stimmen Tieck und Grimm in etlichen Einzelheiten überein: der Wolf fordert das Mädchen nicht mehr auf, sich zu entkleiden, es steigt nicht mehr zu ihm ins Bett und fragt ihn nicht mehr nach seinen Beinen, alle direkten Erotizismen und Liebeleien sind verschwunden, die schöne Natur mit ihren Blumen, Vögeln und Bäumen wird geschildert, Rotkäppchen wird es ängstlich zumute in der Stube der Oma, und es beginnt seine Fragen mit der Anrede ‚Ei Großmutter'. Tiecks Stück stand bei der Geburt der Grimmschen Fassung ebenso Pate wie Perrault, den die Brüder als direkte literarische Quelle und durch mündliche Vermittlung kannten. Das Märchen vom Wolf und den sieben Geißlein kommt als weitere Anregung hinzu, die sich in stilistischen Parallelen und im Arrangement des Märchenendes bemerkbar macht: beide Male schläft der satte Wolf ein und schnarcht, dann schneidet man ihm mit einer Schere den Bauch auf, holt die noch lebendigen Opfer heraus und füllt schwere Steine hinein, an denen der Wolf stirbt, als er aufwacht und sich bewegen will.

Verschiedene Texte waren also die Vorbilder für die Grimmsche Version, die dem Leser, der die Vorgeschichte nicht kennt, meist als ursprüngliche Einheit erscheint. Die Grimms schöpften aus dem Fluß der mündlichen Volksüberlieferung, aber die literarischen Nebenflüsse zeigten deutlich ihren Einfluß, und so manches Detail gossen die Brüder eigenmächtig hinzu. Schauen wir uns ihren Rotkäppchencocktail einmal an, und analysieren wir die Zusammensetzung. Wir orientieren uns an der Ausgabe letzter Hand, die Heinz *Rölleke* vor einigen Jahren neu herausgegeben hat. Wer sich dafür interessiert, wie die Grimms ihre Märchen redigiert haben, findet in der von Friedrich *Panzer* edierten Erstfassung erhebliche Unterschiede und kann sich seine Gedanken über die verschiedenen Versionen der Grimmschen Version machen. Die Grimm Brothers haben praktisch in fast jedem Satz kleine Änderungen angebracht. Zuerst sprachen sie von einer ‚Bouteille Wein', später von einer ‚Flasche Wein'; anfangs hieß der Wolf ‚der Böse', später ‚der Graukopf' – das sind nur zwei von vielen Korrekturen. Die Grimmbrüder (und zwar in der Hauptsache Wilhelm Grimm) haben den anfänglichen Text in vielerlei Hinsicht geglättet, poetisiert, verkindlicht, logisch nachmotiviert und mit pädagogischen Ermahnungen aufgefüllt. Von Volkes Erzählstimme ist da nicht mehr viel übriggeblieben.

Märchen vom Rothkäppchen

Es war einmal eine kleine süße Dirne, die hatte jedermann lieb, der sie nur ansah, am allerliebsten aber ihre Großmutter, die wußte gar nicht, was sie alles dem Kinde geben sollte. Einmal schenkte sie ihm ein Käppchen von rotem Sammet, und weil ihm das so wohl stand und es nichts anders mehr tragen wollte, hieß es nur das Rotkäppchen. Eines Tages sprach seine Mutter zu ihm: „Komm, Rotkäppchen, da hast du ein Stück Kuchen und eine Flasche Wein, bring das der Großmutter hinaus; sie ist krank und schwach und wird sich daran laben. Mach dich auf, bevor es heiß wird, und wenn du hinauskommst, so geh hübsch sittsam und lauf nicht vom Weg ab, sonst fällst du und zerbrichst das Glas, und die Großmutter hat nichts. Und wenn du in ihre Stube kommst, so vergiß nicht, guten Morgen zu sagen, und guck nicht erst in alle Ecken herum."

„Ich will schon alles gut machen", sagte Rotkäppchen zur Mutter und gab ihr die Hand darauf. Die Großmutter aber wohnte draußen im Wald, eine halbe Stunde vom Dorf. Wie nun Rotkäppchen in den Wald kam, begegnete ihm der Wolf. Rotkäppchen aber wußte nicht, was das für ein böses Tier war, und fürchtete sich nicht vor ihm. „Guten Tag, Rotkäppchen", sprach er. „Schönen Dank, Wolf." „Wo hinaus so früh, Rotkäppchen?" „Zur Großmutter." „Was trägst du unter der Schürze?" „Kuchen und Wein: gestern haben wir gebacken, da soll sich die kranke und schwache Großmutter etwas zugut tun und sich damit stärken." „Rotkäppchen, wo wohnt deine Großmutter?" „Noch eine gute Viertelstunde weiter im Wald, unter den drei großen Eichbäumen, da steht ihr Haus, unten sind die Nußhecken, das wirst du ja wissen", sagte Rotkäppchen. Der Wolf dachte bei sich: „Das junge zarte Ding, das ist ein fetter Bissen, der wird noch besser schmecken als die Alte: du mußt es listig anfangen, damit du beide erschnappst." Da ging er ein Weilchen neben Rotkäppchen her, dann sprach er: „Rotkäppchen, sieh einmal die schönen Blumen, die ringsumher stehen, warum guckst du dich nicht um? Ich glaube, du hörst gar nicht, wie die Vöglein so lieblich singen? Du gehst ja für dich hin, als wenn du zur Schule gingst, und ist so lustig haußen in dem Wald."

Rotkäppchen schlug die Augen auf, und als es sah, wie die Sonnenstrahlen durch die Bäume hin und her tanzten und alles voll schöner Blumen stand, dachte es: „Wenn ich der Großmutter einen frischen Strauß mitbringe, der wird ihr auch Freude machen; es ist so früh am Tag, daß ich doch zu rechter Zeit ankomme", lief vom Wege ab in den Wald hinein und suchte Blumen. Und wenn es eine gebrochen hatte, meinte es, weiter hinaus stände eine schönere, und lief darnach, und geriet immer tiefer in den Wald hinein. Der Wolf aber ging geradeswegs nach dem Haus der Großmutter und klopfte an die Türe. „Wer ist draußen?" „Rotkäppchen, das bringt Kuchen und Wein, mach auf." „Drück nur auf die Klinke", rief die Großmutter, „ich bin zu schwach und kann nicht aufstehen." Der Wolf drückte auf die Klinke, die Türe sprang auf, und er ging, ohne ein Wort zu sprechen, gerade zum Bett der

Großmutter und verschluckte sie. Dann tat er ihre Kleider an, setzte ihre Haube auf, legte sich in ihr Bett und zog die Vorhänge vor.

Rotkäppchen aber war nach den Blumen herumgelaufen, und als es so viel zusammen hatte, daß es keine mehr tragen konnte, fiel ihm die Großmutter wieder ein, und es machte sich auf den Weg zu ihr. Es wunderte sich, daß die Tür aufstand, und wie es in die Stube trat, so kam es ihm so seltsam darin vor, daß es dachte: „Ei, du mein Gott, wie ängstlich wird mir's heute zumut, und bin sonst so gerne bei der Großmutter!" Es rief „Guten Morgen", bekam aber keine Antwort. Darauf ging es zum Bett und zog die Vorhänge zurück: da lag die Großmutter und hatte die Haube tief ins Gesicht gesetzt und sah so wunderlich aus. „Ei, Großmutter, was hast du für große Ohren!" „Daß ich dich besser hören kann." „Ei, Großmutter, was hast du für große Augen!" „Daß ich dich besser sehen kann." „Ei, Großmutter, was hast du für große Hände!" „Daß ich dich besser packen kann." „Aber, Großmutter, was hast du für ein entsetzlich großes Maul!" „Daß ich dich besser fressen kann." Kaum hatte der Wolf das gesagt, so tat er einen Satz aus dem Bette und verschlang das arme Rotkäppchen.

Wie der Wolf sein Gelüsten gestillt hatte, legte er sich wieder ins Bett, schlief ein und fing an, überlaut zu schnarchen. Der Jäger ging eben an dem Haus vorbei und dachte: „Wie die alte Frau schnarcht, du mußt doch sehen, ob ihr etwas fehlt." Da trat er in die Stube, und wie er vor das Bette kam, so sah er, daß der Wolf darin lag. „Finde ich dich hier, du alter Sünder", sagte er, „ich habe dich lange gesucht." Nun wollte er seine Büchse anlegen, da fiel ihm ein, der Wolf könnte die Großmutter gefressen haben und sie wäre noch zu retten: schoß nicht, sondern nahm eine Schere und fing an, dem schlafenden Wolf den Bauch aufzuschneiden. Wie er ein paar Schnitte getan hatte, da sah er das rote Käppchen leuchten, und noch ein paar Schnitte, da sprang das Mädchen heraus und rief: „Ach wie war ich erschrocken, wie war's so dunkel in dem Wolf seinem

Leib!“ Und dann kam die alte Großmutter auch noch lebendig heraus und konnte kaum atmen. Rotkäppchen aber holte geschwind große Steine, damit füllte sie dem Wolf den Leib, und wie er aufwachte, wollte er fortspringen, aber die Steine waren so schwer, daß er gleich niedersank und sich totfiel.

Da waren alle drei vergnügt; der Jäger zog dem Wolf den Pelz ab und ging damit heim, die Großmutter aß den Kuchen und trank den Wein, den Rotkäppchen gebracht hatte, und erholte sich wieder, Rotkäppchen aber dachte: „Du willst dein Lebtag nicht wieder allein vom Wege ab in den Wald laufen, wenn dir's die Mutter verboten hat.“ –

(Es wird auch erzählt, daß einmal, als Rotkäppchen der alten Großmutter wieder Gebackenes brachte, ein anderer Wolf ihm zugesprochen und es vom Wege habe ableiten wollen. Rotkäppchen aber hütete sich und ging gerade fort seines Wegs und sagte der Großmutter, daß es dem Wolf begegnet wäre, der ihm guten Tag gewünscht, aber so bös aus den Augen geguckt hätte: „Wenn's nicht auf offner Straße gewesen wäre, er hätte mich gefressen.“ „Komm“, sagte die Großmutter, „wir wollen die Türe verschließen, daß er nicht herein kann.“ Bald darnach klopfte der Wolf an und rief: „Mach auf, Großmutter, ich bin das Rotkäppchen, ich bring dir Gebackenes.“ Sie schwiegen aber still und machten die Türe nicht auf: da schlich der Graukopf etlichemal um das Haus, sprang endlich aufs Dach und wollte warten, bis Rotkäppchen abends nach Haus ginge, dann wollte er ihm nachschleichen und wollt's in der Dunkelheit fressen. Aber die Großmutter merkte, was er im Sinn hatte. Nun stand vor dem Haus ein großer Steintrog, da sprach sie zu dem Kind: „Nimm den Eimer, Rotkäppchen, gestern hab ich Würste gekocht, da trag das Wasser, worin sie gekocht sind, in den Trog.“ Rotkäppchen trug so lange, bis der große, große Trog ganz voll war. Da stieg der Geruch von den Würsten dem Wolf in die Nase, er schnupperte und guckte hinab, endlich machte er den Hals so lang, daß er sich nicht mehr halten konnte und anfing zu rutschen: so rutschte er vom Dach herab, gerade in den großen Trog hinein, und ertrank. Rotkäppchen aber ging fröhlich nach Haus, und tat ihm niemand etwas zuleid.)

Mit der Grimmschen Rotkäppchenversion wollen wir uns ausführlich befassen. Die Konstruktion der Handlung hat einige Schwachstellen, und auf den ersten Blick sind die unlogisch erscheinenden Phänomene nicht weiter verwunderlich. Im Unbewußten existieren die heterogensten Vorstellungen nebeneinander, jedes Märchen greift in dieses Reservoir hinein, mischt realistische mit unrealistischen Bestandteilen und hat eine eigentümliche Darstellungslogik, in der Gedankensprünge nicht nur erlaubt, sondern oft auch – im wörtlichen Sinne – erwünscht sind. Es darf jedoch gefragt werden, wo die Brüche zu Tage treten, was ihnen zugrunde liegt und wie sie beurteilt werden können. Es wird beispielsweise unterstellt, daß der Wolf nicht aufwacht, als man ihm den Bauch aufschneidet, und daß die beiden Opfer völlig unverletzt herauskommen, obwohl sie hätten ersticken können und obwohl sie der Wolf zerrissen haben müßte, um sie die Kehle hinunterzukriegen. Hier sind psychologische Motive wirksam, die durch eingehende Befunde aus der Kinderanalyse erwiesen werden können: viele kleine Kinder stellen sich die Geburt als Auftrennen des Bauches und als Hervorholen von etwas Verschlucktem vor, und die meisten von ihnen fassen den Tod als zeitweiliges Verschwinden auf. So gesehen, klingt es durchaus glaubwürdig, wenn die Märchenerzählung das Mädchen und die Oma gesund und munter aus dem aufgeschlitzten Bauch herauskommen läßt. Die absurde Außenweltsituation bringt eine reale Innenweltvorstellung zum Ausdruck, der buntscheckige Deckmantel birgt eine psychologische Wahrheit. Der Handlungskonstruktion kann in diesem Punkt kein Vorwurf gemacht werden.

Anders ist es mit Brüchen, bei denen offensichtlich Rücksichten auf den Anstand am Werke sind, wie sie Wilhelm

Grimm in allgemeiner Form eingesteht: in einer Vorrede schreibt er, es sei jeder Ausdruck, der für das Kindesalter nicht passe, sorgfältig gelöscht worden. Perraults anzüglicher Effekt, daß sich Rotkäppchen auszieht und zum Wolf ins Bett schlüpft, fällt mir nichts dir nichts weg, und der Wolf muß sich partout in die Kleider der Oma zwängen – sonst wäre er gegenüber Rotkäppchen nackt gewesen. Derlei französische Unsittlichkeit mochte man deutschen Kindern nicht zumuten. Als Ausweg scheint sich die Vorstellung anzubieten, daß die Großmutter ein Nachthemd anhatte und daß der Wolf sie samt diesem Hemd verschluckte, worauf er ihr Tageskleid überzog. Diese Lösung überzeugt nicht: wenn der Wolf sich unter der Bettdecke verkroch und die Haube tief ins Gesicht zog, brauchte er kein Tageskleid mehr als Tarnung, und wenn die Bettdecke nicht bis ans Kinn reichte, hätte das sichtbare Tageskleid nur Mißtrauen erweckt. Es bestehen drei Erklärungsmöglichkeiten. Erstens: der Wolf hat das Nachthemd mitverschluckt und sich dann das Tageskleid der Großmutter übergeworfen, was die genannten Einwände provoziert, ganz abgesehen davon, daß Nachthemden auch für Vielfresser keine Leckerbissen sind. Zweitens: der Wolf hat der Großmutter das Nachtkleid ausgezogen und es selbst übergestreift, was sich damit beißt, daß er spornstreichs auf sie losging und sie verschlang. Drittens: die Großmutter hat nackt im Bett gelegen, und der Wolf zog ihr Nachtgespenst oder ihr Tageskleid an, was schon daran scheitert, daß Großmütter im allgemeinen nicht nackt im Bett liegen, schon gar nicht, wenn sie krank sind. Man könnte sich noch ein paar andere Entkleidungs- und Bekleidungsmöglichkeiten ausdenken, aber in jedem Fall wird das Grimmsche Sittenmotiv deutlich. Hastig bestrebt, die Fassung zu bewahren und keinen nackten Wolf im Bett zu dulden, nimmt diese Version Ungereimtheiten in Kauf, die bei Perrault gar nicht auftreten können, denn der französische Wolf legt sich ohne Fisematenten so ins Bett, wie ihn die Natur

geschaffen hat, und Rotkäppchen nimmt unbefangen und erstaunt wahr, wie ihre vermeintliche Großmutter ohne Kleider aussieht. Auch Perrault folgte dem Grundsatz, die Schicklichkeit zu wahren, aber manches an seiner Darstellung war für deutsche Ohren immer noch zu freizügig.

Das Problem des großmütterlichen Nachthemdes und die wundersame Rettung aus dem Wolfsbauch haben psychologische Erklärungen gefunden, die bereits den Argwohn des geneigten Lesers erregt haben mögen. Es gibt jedoch noch eine viel dubiosere Spielart der Märcheninterpretation, jene nämlich, die allen Gegenständen flugs einen symbolischen Sinn beilegt, ohne den alternativen Deutungsmöglichkeiten ihr Recht einzuräumen und ohne sich mit näheren Begründungen abzugeben. Die Psychologie ist eine heikle Wissenschaft, deren Phantasie oft ins Unkraut schießt. Denkkraft, Wirklichkeitssinn und Textgenauigkeit sind nicht immer im Gleichgewicht mit der Intuition, die erraten, erspüren, hinter die Dinge blicken will. Jedes Objekt soll etwas anderes bedeuten – was aber, wenn die identifizierende Deutung unsicher ist und wenn es andere Interpretationen gibt, die mit gleichem Recht eine andere Entschlüsselung vorschlagen? Und was ist, wenn hinter manchen Dingen gar nichts mehr ist? Kann es der Psychologie nicht ebenso ergehen wie vielen philosophischen Metaphysikern, die hinter der Welt eine andere Welt wähnten und sich, wie Spötter formulierten, mangels deutlicher Beweise und Argumente damit begnügen mußten, im Drüben zu fischen?

Die Fragwürdigkeit der symbolischen Märchendeutung zeigt sich am grellsten zu Beginn der Geschichte, bei dem roten Käppchen des kleinen Mädchens. Was hat man nicht alles hinter diesem Kleidungsstück vermutet! Psychologen, Mythologen, Philologen und andere Ogen bemühten sich krampfhaft, das vertrackte Ding zu dechiffrieren. Man erblickte darin die Menstruation, die verfrühte Übertragung sexueller Anziehungskraft, die Revolte gegen die elterliche Autorität, die

Lebenslust, das aus dem Blut sprechende Ichgefühl, die Abschließung der Menschenseele nach oben hin, die rote Sonnenscheibe, die Morgenröte, den Frühling, das deutsche Recht, ein Koboldattribut, ein Mondattribut, das Nachbild eines Fliegenpilzes undsoweiterundsofort. So wie die vulgäre Abart des historischen Materialismus überall da, wo Analogien zwischen Basis und Überbau konstatierbar sind, ein Kausalverhältnis behauptet, sieht die Hauruckspielart der Märchendeutung überall da, wo Ähnlichkeiten zwischen Einzelobjekten und umfassenderen Bereichen bestehen, ein Symbolverhältnis. Es gibt reale gesellschaftliche Kausalverhältnisse und Symbolentsprechungen, aber nicht automatisch, nicht in jedem Fall und nicht aufgrund von schablonenhaften Koppelungen. Der psychologische Blick sollte nicht auf einzelne Gegenstände fixiert sein, aus denen auf Deubel komm raus eine symbolische Bedeutung herausgezaubert wird, sondern die lebendigen Kräfte und Konstellationen in Augenschein nehmen, die in bestimmten Situationen am Werk sind.

Die rote Kappe enthält nicht das Geheimnis Rotkäppchens. Sie ist keine Tarnkappe, hinter der sich der eigentliche Sinn des Ganzen verbirgt. Das Wesen der Rotkäppchenfigur liegt in dem, was sie tut, was sie sagt und was ihr widerfährt. Wer sich bei ihrer Kopfbedeckung aufhält, die am Anfang des Märchens genannt wird, bleibt auch in der Deutung am Anfang des Ganzen stecken. Was sich allenfalls sagen läßt, ist eine aus Erfahrungsberichten bestätigte Aussage: das auffällige Rot ist eine bevorzugte Farbe kleiner Kinder. Dieser Satz stimmt mit dem Märchentext überein, in dem es heißt, das kleine Mädchen wolle nichts anderes mehr als diese Kappe tragen. Zwar ist es merkwürdig, daß sonst nichts an dem Mädchen beschrieben wird, daß wir nichts erfahren über sein Aussehen, seinen Körper, sein Alter, nur die knappe Auskunft, es sei klein und überall wohlgelitten; die erzählerische Hervorhebung eines Merkmals reicht jedoch nicht aus, um die rote Kappe zum interpretatorischen Schlüssel zu machen. Sie hat eine magische Anziehungskraft auf viele Deuter ausgeübt, doch das gehört eher zur Psychologie der Interpreten als zur Psychologie des Märchens. Jeder sieht im Märchen, was er will, jeder ist sein eigenes Rotkäppchen – in der Satire, im Traum, in der Gedankenassoziation, in der Lektüre des Kindes ist das auch völlig legitim; wenn man hingegen den Anspruch erhebt, ein vorliegendes Märchen zu interpretieren, dann sind der Beliebigkeit Grenzen gesetzt, und zwar durch das, was in dem Text drinsteht und was sich zwanglos mit ihm in Einklang bringen läßt.

Der Anfang und der Schluß der Geschichte stoßen uns mit der Interpretennase auf die prinzipielle Problematik psychologischer Erklärungen. Gehen wir nun auf die fortlaufende Erzählung ein. Die rote Kappe ist ein Geschenk der Großmutter, sie und Rotkäppchen mögen sich, die Kleine ist gern bei ihr. Ohne Willkür läßt sich wohl sagen, daß hier ein häufig anzutreffendes Verhältnis zwischen der ganz jungen und der ganz alten Generation aufscheint; die Alten können nicht mehr alles tun, fühlen sich in die physische Schwäche der Anfangsjahre zurückversetzt, tragen sich mit Kindheitserinnerungen, haben selbst keine kleinen Kinder mehr und übertragen elterliche Liebe verstärkt auf die Enkel, die wiederum bei den Alten einen Bereich finden, wo sie nicht ständig von elterlichen Reglementierungen eingeschränkt werden und wo die ödipalen Verstrickungen keine große Rolle spielen. Rotkäppchen bekommt den Auftrag, der kranken und schwachen Großmutter, die im Walde wohnt, Kuchen und Wein zu bringen – eine Ausgangsszene, die den bäuerlichen, ländlichen Situationsraum des ganzen Märchens umreißt. Das Mädchen macht sich alsbald auf den Weg. Es ist klein genug, um noch unter der elterlichen Fuchtel zu leben, aber groß genug, um Botengänge außer Haus zu erledigen und Schritte in die dunkle, unübersehbare Umgebung zu wagen. Es geht nicht in die weite Welt hinaus wie manche anderen Märchenfiguren, sondern von einem Haus zu einem zweiten und von einer vertrauten Person zu der nächsten; dazwischen liegt eine Wegstrecke mit mancherlei Tücken, die zu überwinden sind. Wenn man will, kann man das analog sehen zu der Weise, in der Kleinkinder die ersten tapsigen Schritte machen, und zwar von einem Erwachsenen, von dem es losstolpert, bis zum nächsten, der es auffängt. Diese Bemerkung ist aber weiß Gott nicht symbolisch gemeint.

Bevor Rotkäppchen losgeht, muß es sich Ermahnungen anhören. Üblich sind sie nicht überall, bei Perrault fehlen sie, in Deutschland geht es nicht ohne sie ab. Vor einer Zugreise heißt es dann oft, man solle die Klotür nicht mit der Abteiltür verwechseln, und vor einem Botengang, man solle hübsch artig sein und die Oma grüßen und nicht vom Wege laufen und nicht hinfallen und nichts zerbrechen. Die Sorge, Rotkäppchen könnte fallen, deutet darauf hin, daß es noch ziemlich jung ist – im ersten Satz wird es als kleine Dirn bezeichnet –, und das legt die Vermutung nahe, es sei noch im vorpubertären Alter. Der Redestil (‚Lauf nicht vom Weg ab, sonst fällst du') paßt auch besser auf jüngere Hosen- und Rockmätze. Alle Interpretationen, die glatt behaupten oder aalglatt unterstellen, das Grimmsche Rotkäppchen sei eine Pubertierende, stehen und fallen mit dieser kaum begründbaren Ausgangsthese.

Die Kleine läßt die Verhaltensvorschriften auf sich herunterregnen und verspricht der Mutter den Gehorsam. Verbot und Versprechen sind in der Anfangsszene zentral, und in den Schlußworten kommt die starke Pädagogisierung des Märchens erneut zum Ausdruck: Rotkäppchen denkt im stillen, daß es nie wieder vom Weg abweichen wird, wenn die Mutter ein Verbot ausgesprochen hat. Statt einer äußerlichen, angehängten Moral wie bei Perrault ist bei den Grimms, die das Seelenleben des Mädchens konturieren und ihre ganze Märchensammlung als Erziehungsbuch verstehen, die Moral eine innere: die Erziehungsregel von außen wird eine innerlich akzeptierte Norm, und man darf annehmen, daß sich der Vorsatz, nicht mehr vom Weg abzuweichen, sowohl auf den

Waldweg als auch auf den künftigen Lebensweg bezieht. Die elterliche Autorität wird bekräftigt, abweichendes Verhalten wird als gefährlich dargestellt, das Kind gibt dem Konformitätsdruck nach, streift die Naivität ab und entsagt der Lust auf die schönen Sachen links und rechts. Das Kind im Märchen macht selbst den Erziehungsprozeß durch, den die märchenhörenden Kinder nachvollziehen sollen. Glücklicherweise ist das Märchengeschehen nicht mit abgestandenen Verhaltenslehren und verinnerlichten Verboten erschöpft; der Zeigefingercharakter erstreckt sich auf die Rahmenhandlung, und das eigentlich Spannende, die Bettszene, kommt noch. Auf diesen Teil der Geschichte, in dem unsere Heldin vom Schicksal blitzschnell ereilt wird, ist die ganze Märchenhandlung angelegt.

Das kann man auch daran sehen, daß der Wolf, auf den das Mädchen im Walde trifft, nicht gleich kurzen Prozeß mit ihm macht. Bei Perrault werden ein paar Holzfäller vorgeschickt, die das Zögern und Abwarten des Wolfes begründen sollen; schon das ist nicht sehr überzeugend, denn an einem späteren Wegabschnitt, wo keine Holzfäller mehr waren, hätte der Wolf immer noch zuschlagen können. Bei Grimm finden wir nicht einmal die Holzfäller vor, und die Unlogik der Konstruktion wird fadenscheinig verhüllt durch die Reflexion des Wolfes, er müsse sich überlegen, wie er beide, die Oma und das Mädchen, erwischen könne – eine Reflexion, die hinweghuscht über den auf der Pfote liegenden Einwand, daß ein junges, zartes Mädchen ein schmackhafterer Happen ist als eine alte Frau und daß er sich, wenn er schon beide verschlingen will, sofort die Kleine als Vorspeise genehmigen kann. Die Brüchigkeit der Handlungslogik hat offenbar dramaturgische Gründe: Spannung wird erzeugt, man fragt sich, was der Wolf noch alles im Schilde führt, und die furchteinflößende, aber auch lusterregende Bettszene, der Höhepunkt des Märchens, wird vorbereitet. Wenn die Vermutung stimmt, daß diese Szene der älteste Erzählungsteil ist, weil sie auf mythisch-magische Vorstellungen und Praktiken zurückgeht, dann könnte man den ganzen ersten Teil als spätere Hinzufügung verstehen, die einer Zuhörerschaft, der die archaischen Dinge nicht mehr präsent sind, das Zustandekommen der entmythologisierten Szene in Märchenform plausibel macht. Aber auch ohne diese Hypothese läßt sich das erzählerische Vorhaben, Spannung zu erzeugen, zu steigern und zu verlängern (notfalls auf Kosten der Handlungslogik), als Grund für die zeitliche Hinausschiebung der Wolfsmahlzeit anführen.

Daß der Wolf Appetit auf Menschenfleisch hat, ahnt Rotkäppchen nicht. Es ist arglos und ohne Furcht. Im Text steht, daß es nicht weiß, was das für ein böses Tier ist. Das Nichtwissen entspringt einem Fühlen, das dem vermeintlichen Wissen der Erwachsenen überlegen ist: während die Legende vom bösen Wolf, die wie die meisten Erziehungsmärchen dem unbefangenen Kind die Angst eintreibt und sie nur teilweise wieder austreibt, an der biologischen Wirklichkeit vorbeigeht, empfinden kleine Kinder eine starke Verwandtschaft mit den Tieren, und die gemeinsame Sprache, die Tatsache, daß sich Märchentiere mit Menschen unterhalten, erscheint aufgrund dieses Brüderlichkeitsgefühls als natürlich. Wer Kinder beobachtet, sieht immer wieder mit Erstaunen, wie schnell und gut sie sich mit Tieren verständigen. Bezeichnend ist auch, daß in der Frage- und Verschlingszene die Ohren, die Augen, die Hände und das Maul angesprochen werden, lauter Körperteile, die wir mit Tieren wie dem Wolf teilen (die Unterschiede sind gradueller Natur). Kleine Kinder trennen nicht so scharf zwischen Mensch und Tier, und so nimmt es kein Wunder, daß Rotkäppchen zutraulich ist und mit dem Wolf redet. Es ist hier der Wolf, der Fragen stellt und von Rotkäppchen Antworten erhält; in der zweiten Begegnung ist es genau umgekehrt. Die Fragen beziehen sich auf das Ziel, die Mitbringsel und die Lage des großmütterlichen Hauses – alles Fragen, die aus der Situation heraus verständlich sind. Tiefschürfende Symbolgräber haben in der Frage, was Rotkäppchen unter der Schürze trage, eine sexuelle Anspielung gesehen; diese Tiefsinniererei ist eher auf Projektionen des Deuters als auf vergegenständlichte Projektionen im Märchen zurückzuführen. Ich sage das nicht in konservativer Absicht, um die Reinheit des Märchens gegen schmutzige Sexualphantasten zu schützen. Erotik in allen Ehren, nur: eine Mutmaßung ist kein Beweis, und eine Interpretation, die sich mit heiterem Symboleraten bescheidet, ist eine theoretische Schürzenjägerei und keine wirkliche Erklärung.

Auch im nächsten Erzählteil, dem verlockenden Hinweis des Wolfes auf die schöne Natur ringsum, ist keine direkte sexuelle Komponente spürbar, zumal die Grimmsche Fassung jeden direkten Bezug aufs Liebesleben verbannt und die Sexualität nur unterschwellig – zudem nicht in allen Einzelheiten – mitschwingt. Wenn Isegrimm seine blumige Rede losläßt, so ist da zwar ein Verführer, aber nicht unbedingt ein geiler Bock im Wolfspelz am Werke. Er ist ein sublimer Lustprinzipienreiter und bringt die Natur, die Schönheit, das freie Umsichblicken, die Musik der Vögel, das lustige, freie, wilde Waldleben in Gegensatz zum geregelten Leben in der Gesellschaft: ‚Du gehst ja für dich hin, als wenn du zur Schule gingst.' Man kann darin den historischen Einfluß der Romantik erblicken, die das Naturerleben als Zuflucht vor dem grauen Alltag der bürgerlichen Pflichten empfand. Aber auch heute, unabhängig von der zeittypischen Färbung, fühlt man sich versucht, dem Wolf recht zu geben, dessen Rede umso verführerischer ist, als er die nackte Wahrheit zu sprechen scheint. Schade, daß es ein Tarnmanöver ist. Die List des Verstandes sagt die Wahrheit so, als verberge sich keine unlautere Absicht dahinter. Diesen Kniff wendet das gerissene reißende Tier an, um das Mädchen abzulenken und um Zeit zu gewinnen. Beim Grimmschen Rotkäppchen nutzt nicht der Schwache die List gegen den Starken – wie es Benjamins und Blochs Theorie entspräche –, sondern der Starke ist obendrein

ein Ränkeschmied, und erst die Gewalt des Jägers bezwingt am Ende den vorläufigen Sieger.

Eine Einschränkung ergibt sich aus der zweiten Schlußversion, wo der Wolf erfolglos vorspiegelt, er sei Rotkäppchen, und danach einer Gegenlist erliegt: er lauert auf dem Dach und rutscht in einen Trog mit Wurstwasser. Dieser Ausgang ist ohne große Spannung und ein wenig läppisch. Erstens kann sich der Wolf schlecht als Rotkäppchen tarnen, wenn er sieht, daß die Kleine vor ihm auf der Hut ist und stracks zur Großmutter eilt, zweitens braucht er nur zuzuschnappen, als sie den Eimer mit Wurstwasser wiederholt zu dem Trog trägt, der vor dem Haus steht, drittens ist kein Wolf so dämlich, daß er vom Dach segelt und ausgerechnet in den Trog plumpst. Diese Geschichte nehmen wir niemandem ab, und sie hat sich auch kaum gegen die erste Schlußversion behauptet. Man könnte überlegen, ob die zweite Schlußversion von Müttern erfunden wurde, denen die Bettszene zu anstößig oder zu brutal war und deren Stolz es verletzte, daß sich ein strengerzogenes Mädchen durch den erstbesten Wolf vom Weg abbringen ließ. Vielleicht ist auch der Wunsch wirksam gewesen, das Schema ‚Männer handeln, Frauen leiden' umzukehren: Rotkäppchen und die Großmutter sind keine Naivlinge mehr, die sich leicht übertölpeln lassen; sie nehmen sich von Anfang an in Acht und bringen den Wolf ganz allein zur Strecke, ohne daß ein Jägersmann eingreifen muß. Bei dieser Version wird das freilich damit erkauft, daß der Wolf seinerseits als kompletter Tölpel dargestellt wird. Wie der Schlußteil meines Büchleins zeigt, gibt es plausiblere und lustigere Möglichkeiten einer Rollenumverteilung.

Unser guter böser Wolf aus der ersten Grimmschen Schlußversion ist nicht blöde, sondern schlau. Er setzt die Kleine mit lockenden Redensarten auf eine andere Fährte, sie folgt seinen Worten, schlägt die Augen auf und wird die Herrlichkeiten der Natur gewahr, verfällt ihnen allerdings nicht ganz – Pflicht und Neigung verknüpft sie zu einem bunten Blumenstrauß, mit dem sie die Großmutter, die sie besuchen soll, erfreuen will. Obwohl sie daran denkt, zur rechten Zeit anzukommen, verliert sie sich beim Anblick der Blumen und hört erst auf, als sie so viele gesammelt hat, daß sie keine mehr tragen kann. Wie das halt so ist bei der Erfüllung der Wünsche und beim Genuß der Schönheiten: man kriegt den Hals nicht voll und glaubt, sobald man etwas ergattert hat, daß um die nächste Ecke noch Schöneres zu finden sei. Das Lustprinzip scheint unersättlich zu sein und nach immer höheren Reizschwellen zu verlangen. Diese These wird nur in Fühlung mit dem Märchen angeführt und soll keineswegs hineingeheimnist werden.

Unterdessen läuft der Wolf geschwinde zum Haus der Großmutter und gibt sich als Rotkäppchen aus, um hineinzukommen. Das wäre gar nicht notwendig; es würde genügen, die Klinke zu drücken und die unverschlossene Tür zu öffnen. Bei Perrault muß ihm die Oma erst zurufen, wie der Öffnungsmechanismus – Pflock und Riegel – zu bedienen ist. Bei der Grimmschen Wiedergabe erhebt sich die Frage, warum der Wolf überhaupt klopft und nicht gleich versucht, sachte die Tür zu öffnen. Hier darf man dramaturgische und rezeptive Gründe vermuten, wenn man sich nicht mit der Annahme zufrieden geben will, daß der Wolf die Tür von vornherein für verschlossen hielt. Eine doppelte Verstellung – erst der Wolf als Rotkäppchen, dann der Wolf als Großmutter – ist lustiger und lädt die Spannung auf. Außerdem sind zwei Vorbilder für diese Darstellung vorhanden: die Perraultsche Fassung, aus der Pflock und Riegel weggelassen werden, zumal diese Verschlußart nicht für alle Leser genau verständlich ist, und das Geißleinmärchen, in dem die Tür tatsächlich verschlossen ist. Dieses Märchen hat die Situation insofern besser durchdacht, als die Geißlein den Wolf an der rauhen Stimme erkennen und durch gefressene Kreide getäuscht werden müssen. Die Frage, warum die Großmutter, auch wenn sie noch so krank und schwach ist, beim Klang der Wolfsstimme nicht argwöhnisch wird, ist durchaus berechtigt und ist auch nicht mit dem Satz abzuweisen, daß es im Märchen immer Absurditäten und Inkonsequenzen gebe. Wie das Geißleinmärchen illustriert, kann ein Märchen trotz der irrealen Ausgangssituation eine überzeugende Handlungslogik besitzen. Es gibt gut komponierte und weniger gut komponierte Märchen; das Grimmsche Rotkäppchenmärchen gehört zu denen, die etwas ungeschickt zusammengestoppelt sind.

Das ändert wenig an seiner Faszination, und die ist hauptsächlich der Bettszene zu verdanken, welche nun endlich von allen Seiten her vorbereitet ist. Rotkäppchen kommt herbei, wundert sich, kriegt es mit der Angst zu tun und wagt sich dennoch zum Bett vor, um den Schleier des Geheimnisses zu lupfen und die Vorhänge zurückzuziehen. Kindliche Neugier und kindlicher Wagemut drängen die Angst zurück: anstatt wegzulaufen, geht es der Sache auf den Grund. Auch die Fragen zeugen von kindlicher Unbefangenheit; welcher Erwachsene würde sich schon getrauen, eine Frau zu fragen, warum sie so große Ohren habe? Eine Frage folgt der anderen, und die Antworten werden immer bedrohlicher. Damit ich dich besser hören kann – das klingt noch harmlos. Damit ich dich besser sehen kann – hier wird unter der Maske der Harmlosigkeit die Beute angepeilt. Damit ich dich besser fressen kann – jetzt ist die Katze aus dem Sack, und schnapp, wird das arme Mäuschen verschlungen. Diese stetige Steigerung der Spannung ist der dramaturgisch beste Teil des Märchens. Auch die unterschwellige Erotik kommt hier am deutlichsten und in gebündelter Form zum Ausdruck: das Bett mit den Vorhängen bildet das Ambiente, in dem das Auffressen als Vergewaltigung (physische Gewalt), als einverleibende Besitzergreifung (psychische Gewalt) und als spielerische Lust aufgefaßt werden kann (‚Ich könnte dich fressen vor Lust', sagt der Volksmund, wenn er eine Lippe riskiert). Sogar die prüden Grimms, die in der Erstfassung schrieben, daß der Wolf ‚den fetten Bissen erlangt hatte', formulierten später, daß er ‚sein Gelüsten gestillt hatte', was zumindest doppelsinnig klingt.

Kaum ist der Höhepunkt der Spannung erreicht, erscheint die Handlung wieder gezwungen und zurechtkonstruiert. Damit die Rettung überhaupt möglich wird, kommt zufällig ein Jäger genau an dem Haus vorbei, und auch der kann nur aufmerksam werden, weil der Wolf überlaut schnarcht. Wie einfach und glaubwürdig ist demgegenüber die Handlungslogik im Geißleinmärchen, wo die Mutter Futter holen geht und nach einer Weile zurückkommen muß! Nicht genug damit – der Jäger spaziert unverfroren in das Haus hinein, bloß weil ihn wundert, daß eine alte Frau so schnarchen kann, und scheut sich nicht, an ihr Bett heranzutreten. Das ist wirklich starker Tobak und läßt die Absicht der Märchentexter erkennen, mit aller Gewalt einen Retter herbeizuschaffen. Auch der Gedanke, daß der schnarchenden Frau etwas fehlen könne, ist ein hanebüchener Vorwand, denn außer Leuten, die nachts in einem Doppelbett zusammengepfercht sind, hat noch niemand am Schnarchen Anstoß genommen oder es gar für ein Krankheitssymptom gehalten.

Das eigentliche Ärgernis ist die politische Voraussetzung, die dem Leser untergeschoben wird: nicht von ungefähr wurde die ins Haus eindringende Jägerfigur in einem Land propagiert, wo Gewalteingriffe in das Privatleben seit altersher nahezu selbstverständlich erscheinen. Diese Bemerkung ist nicht persönlich gegen die Grimms gerichtet, die Mannesmut vor Königsthronen bewiesen haben und zu den wenigen aufrechten Gestalten der deutschen Geschichte zählen. Die fatalen Rezeptionslinien sind jedoch unübersehbar. Der sich wie ein Waldpolizist aufführende Jäger, der mißtrauisch wird, wenn mal jemand geräuschvoll schläft, und sofort mit der Tür ins Haus fällt, wurde widerspruchslos hingenommen – und das in einem Land, wo die Polizei zeitweilig die Gewohnheit entwickelte, bei jeder lauten Äußerung Verdacht zu schöpfen und ohne richterliche Erlaubnis in fremden Wohnungen herumzuschnüffeln.

Der Jäger kommt zu dem Schluß, daß der Wolf die Großmutter gefressen habe, daß sie noch zu retten sei und daß er besser nicht schießen solle. Die letzte Folgerung ist nicht zwingend, da er den Wolf ohne Gefahr für die Insassen in den Kopf schießen kann. Lassen wir das, wir haben zur Genüge gesehen, daß die positiv redigierte Märchenfassung alles in Kauf nimmt, um eine glückliche Wendung herbeizuführen, und daß die Brüchigkeit zum Teil, aber nur zum Teil, auf die Veranschaulichung kindlicher Geburtsvorstellungen hindeutet. Mithilfe einer Schere, die urplötzlich gerade bei der Hand ist, werden die Weiblein herausoperiert, und Rotkäppchen schafft schwere Steine heran (eine erzählerische Zumutung für ein kleines Mädchen), damit dem Wolf der Leib gestopft werden kann. Der Jäger hätte ihn nach der Befreiung der beiden wiederum totschießen können; doch noch einmal wird die Spannung verlängert, um die Bestrafung weidlich auszukosten. Zum Hohn bekommt der Wolf, statt der Opfer, dicke Wackersteine in den Bauch, an denen er zugrunde geht, worauf ihm der geschäftstüchtige Mann den Pelz abzieht. Das ist mindestens ebenso grausam wie die Gierhalsigkeit des Tieres, die rachsüchtigen Menschen haben dem Wolf gar nichts voraus. Der archaische, bis heute kaum gebrochene Egoismus unserer Spezies triumphiert und wird moralisch gerechtfertigt: böse ist das Tier, das den Menschen tötet, gut ist der Mensch, der das Tier tötet, und die Tat des Menschen, der im Grunde das Gleiche macht wie das Tier, wird als bloße Gegengewalt hingestellt – schließlich hat der Wolf angefangen.

Die Grausamkeit, die in der Erzählung herrscht, ist weniger dem Märchen anzulasten als der Realität. Zwar leben wir kaum mehr in waldursprünglichen Zeiten, wo einsame Wanderer mit lebensgefährlichen Risiken rechnen mußten, aber jeden Tag berichten die Medien von verschwundenen, mißhandelten, getöteten Lebewesen. In unserer Welt, die objektiv grauenerregend und voll von Vergewaltigern, Mördern, Entführern ist, erfüllt sich der Sinn jenes berühmten

Satzes, der unter der Hülle einer verabsolutierten anthropologischen Konstante gesellschaftliche Erfahrungen ausspricht: homo homini lupus est. Nicht der Wolf ist der Gegner des Menschen – der Mensch ist der ärgste Feind des Menschen. Das Rotkäppchenmärchen stellt nicht nur individualpsychologische Vorstellungen und Entwicklungsmöglichkeiten dar, sondern auch tatsächliche Bedrohlichkeiten der Außenwelt. Das rechtfertigt jedoch nicht den Zeigefingercharakter, der aus dem Arsenal entmündigender Rhetorik stammt und in manchen Fabeln der Kindergottesdienste wiederkehrt: da spielen kleine Kinder mit Schlangen, deren Gefährlichkeit sie nicht kennen, und können sich nur retten, indem sie bedingungslos dem warnenden Befehl Gottvaters folgen. In ähnlicher Weise sollen etliche Erziehungsmärchen den Gehorsam mittels schrekkensvoll ausgemalter Beispielsituationen einbimsen. Die reale Gefahr wird übersteigert, und man suggeriert – besonders in sexualfeindlicher Umgebung –, daß alle männlichen Verführer aggressiven Tieren gleichen. Geschickt nutzt diese Rhetorik ein Körnchen Wahrheit, um den Kindern einen Sack voll Verteufelungen aufzuladen. Das ist nicht die einzig mögliche Interpretation des Rotkäppchenmärchens, aber es läßt sich kaum leugnen, daß es einer solchen Deutung in der herkömmlichen Textgestalt wenig Widerstand bietet.

Zwecks wirksamer Eintrichterung der Verhaltensregeln tritt die elterliche Autorität zweifach auf, das Märchen trägt sowohl matriarchalische als auch patriarchalische Züge. Die Mutter ermahnt das Kind am Anfang und gibt ihm Handlungsanweisungen, am Schluß gelobt das Kind, nie mehr das mütterliche Verbot zu übertreten. Der Vater erscheint – soviel darf man wohl ohne Gewaltsamkeit postulieren – in der Figur des Jägers, der dem Kind aus der Patsche hilft. Zumindest kann gesagt werden, daß die als starker Retter auftretende Jägerfigur paternales Gepräge hat. Der Jäger stärkt die elterliche Gewalt positiv, der Wolf negativ. Im Wolf vermummt sich fratzenhaft die den männlichen Verführern nachgesagte animalische Lust und Wildheit; er veranschaulicht, unter anderem, wie das Verlockende, Gewohnte, Vertraute urplötzlich fremd und unheimlich erscheinen kann. Wolf und Jäger sind die Aktiven, das Mädchen und die Großmutter die Schwachen und Passiven – das entspricht der traditionellen Rollenteilung von Mann und Frau (die Mutter gibt dem Kind nur Verhaltensgebote mit auf den Weg und ist ansonsten keine Handlungsträgerin). Eine symbolische Gleichsetzung Wolf gleich Mann wäre jedoch übereilt. Wie schon *Freud* andeutete, könnte der Umstand, daß der Wolf lebendige Wesen im Leib hat und im Bett liegt, an die Schwangerschaft erinnern und dem Tier gewisse weibliche Züge verleihen; die Vermutung wird von der Psychoanalytikerin Lilla *Veszy-Wagner* in ihrem aufschlußreichen Aufsatz ‚Little Red Riding Hoods on the Couch' mit analytischem Material erhärtet.

Freud hat seine Andeutungen zum Teil in Frageform formuliert, zumal er ohnehin vorsichtig bei der symbolischen Märchendeutung vorging. Leider haben sich nicht alle Nachfolger die gleiche Zurückhaltung auferlegt, und dem Schauermärchen folgte eine Horrorgeschichte: Rotkäppchen und die schlimmen Interpreten. Vor allem die Epigonen und Nullitäten, die Freuds Theorien in verwässerter Form dem Bestsellerpublikum darboten, haben sich hier hervorgetan. Greifen wir zwei berühmte unrühmliche Apostel heraus, Erich Fromm und Bruno Bettelheim. Interpretationen aus dieser Ecke sollen gewiß nicht pauschal zurückgewiesen werden, und die bisweilen erhobene Forderung, die Psychoanalyse solle sich tunlichst mit ihren extravaganten Spekulationen aus der Märchenforschung heraushalten, ist nicht mehr als eine abwehrende, diskussionsunwillige Handbewegung. Nur fragt es sich, ob die vorgelegte Deutung eine triftige Erklärung leistet oder ob sie Interpretation mit Tiefseeforschung verwechselt, die unten im Schlamm wühlt und an die Oberfläche zurückkehrt, um daselbst Wellen und Schaum zu schlagen. In einem anderen Bild – die Märchenforschung bewegt sich auf einem schmalen

Grat vorwärts: einerseits kann sie sich im Klassifizieren von Märchenelementen, Märchenvarianten und Märchentypen erschöpfen, in einer flachen, geistlosen Tätigkeit des Sammelns und Einordnens, andererseits kann sie beim Bemühen, eine tiefere Interpretationsebene zu erreichen, in Abgründe taumeln und an den Klippen der Sache zerschellen.

Erich *Fromm* braucht nur ein paar Absätze, um mit dem Rotkäppchen fertigzuwerden:

> Das Rotkäppchen ist eine gute Illustration für die Anschauungen Freuds und stellt gleichzeitig eine Variation des den männlich-weiblichen Konflikt behandelnden Themas dar, das wir in der Ödipus-Trilogie und im Schöpfungsmythos vorgefunden haben. Dies ist der Inhalt des Märchens ... (es folgt eine Wiedergabe der Grimmschen Version).
>
> Der größte Teil der Symbolik dieses Märchens kann ohne Schwierigkeiten verstanden werden. Das „rote Samtkäppchen" ist ein Sinnbild der Menstruation. Das kleine Mädchen, von dessen Abenteuer wir hören, hat die weibliche Reife erreicht und sieht sich jetzt dem Sexualproblem gegenübergestellt.
>
> Die Warnung, „nicht vom Pfade wegzulaufen", um „die Flasche nicht zu zerbrechen", ist eine deutliche Warnung vor den Gefahren der Sexualität und vor dem Verlust der Jungfräulichkeit.
>
> Die sexuelle Gier des Wolfes wird durch den Anblick des Mädchens wachgerufen; er versucht es zu verführen, indem er ihm vorschlägt, „sich umzusehen und zu horchen, wie schön die Vögel singen". Rotkäppchen „blickt auf", und dem Rate des Wolfes folgend, gerät es „immer tiefer und tiefer in den Wald". Es tut dies mit einer bezeichnenden Begründung: um sich selbst zu überzeugen, daß nichts Böses dabei sei, sagt es sich, die Großmutter werde an den Blumen, die es ihr bringen werde, Freude haben.

Doch dieses Abweichen vom geraden Weg der Tugend wird schwer bestraft. Der Wolf, als Großmutter verkleidet, verschlingt das Rotkäppchen. Sobald er seinen Hunger gestillt hat, schläft er ein.

Bisher scheint das Märchen nur ein einfaches, moralisierendes Thema, die Gefahren der Sexualität, zu behandeln. Doch ist es komplizierter. Welches ist die Rolle des Mannes darin, und wie wird die Sexualität dargestellt?

Der Mann wird als ein rücksichtsloses und hinterlistiges Tier und der Geschlechtsakt als kannibalische Handlung beschrieben, in der der Mann die Frau auffrißt. Diese Ansicht wird nicht von Frauen vertreten, die die Männer lieben und am Geschlechtlichen Lust empfinden. Es ist ein Ausdruck einer tiefen Abneigung gegenüber den Männern und der Sexualität. Der Haß und das Vorurteil gegenüber den Männern kommen am Ende der Erzählung sogar noch deutlicher zum Vorschein. Wieder, wie im babylonischen Mythos, müssen wir uns daran erinnern, daß die Überlegenheit der Frau in ihrer Fähigkeit besteht, Kinder zu gebären. Wie also wird der Wolf lächerlich gemacht? Indem gezeigt wird, daß er die Rolle einer schwangeren Frau zu spielen versuchte durch Einverleibung lebender Wesen in seinen Bauch. Rotkäppchen legt Steine, Symbole der Sterilität, in seinen Bauch, und der Wolf bricht zusammen und stirbt. Seine Tat wird nach dem primitiven Gesetz der Vergeltung, seinem Verbrechen entsprechend, bestraft: er wird durch die Steine getötet, die Symbole der Sterilität, wodurch seine Anmaßung, die Rolle einer schwangeren Frau zu spielen, verspottet wird.

Dieses Märchen, dessen Hauptfiguren Frauen aus drei Generationen sind (der Jäger am Schluß ist die herkömmliche Vatergestalt ohne wirkliche Bedeutung), er-

PANNEMAKER
G. Doré

zählt uns vom männlich-weiblichen Konflikt; es ist eine Erzählung vom Triumph der männerhassenden Frauen.

In Fromms erster Formulierung („Das Rotkäppchen ist eine gute Illustration für die Anschauungen Freuds...") sind drei Dinge impliziert: der Anspruch, daß seine Interpretation mit den Ansichten Freuds übereinstimme, die der konkreten Untersuchung vorangestellte Behauptung, daß dieses Märchen gut zu der Freud-Frommschen Theorie passe, und das Eingeständnis, daß es primär um eine Illustrierung psychoanalytischer Thesen und erst sekundär um das Märchen selbst gehe. Die drei Voraussetzungen bleiben ohne nähere Begründung und Reflexion, und auch die weiteren Ausführungen halten sich nicht mit Pro-Contra-Argumenten oder eingehenden Textanalysen auf. Zunächst wird konstatiert, daß hier eine Symbolik vorhanden sei und daß deren Verständnis keine großen Schwierigkeiten bereite – ein handfester Bluff, der sich nicht auf die naheliegende Frage einläßt, ob überhaupt Symbole drinstecken, und der Schwierigkeiten beiseite schiebt, indem er sie für nichtvorhanden erklärt. Sodann wird das erste Objekt genannt und bekommt im gleichen Satz ein Schild mit seiner Bedeutung umgehängt; kein Wort fällt über die mannigfachen Deutungen des Käppchens, die in der bisherigen Literatur versucht worden sind, kein Wort wird darüber verloren, ob man aus dem Text begründen kann, daß Rotkäppchen schon alt genug ist, um eine Menstruation zu haben. Es wird lediglich im Ton einer Tatsachenfeststellung gesagt, es habe die weibliche Reife erreicht. Dieser handstreichartigen Deutung stehen außer den Textangaben, die eher auf ein vorpubertäres Alter schließen lassen, die Ergebnisse von Lilla Veszy-Wagner entgegen, die aus Gesprächen mit Patienten nachweisen kann, daß die Menstruation in keinem Fall mit dem roten Käppchen in Verbindung gebracht wird. Gewiß konnte Fromm die spätere Arbeit von Veszy-Wagner nicht kennen, die sich überdies auf das Märchenverständnis der

Analysanden gründet, aber er hätte sich sehr wohl die Mühe machen können, Assoziationen empirisch zu überprüfen und die Symboldeutung an klinischen Erfahrungen zu messen, anstatt einfach drauflos zu interpretieren und Erwägungen durch Identifikationen zu ersetzen. Schon der Stil ist verräterisch; es heißt nicht: ‚Die rote Kappe könnte als Sinnbild der Menstruation aufgefaßt werden, weil…', sondern: ‚Das rote Samtkäppchen ist ein Sinnbild der Menstruation', bums aus. Es folgt ein Punkt und gleich die nächste Behauptung. Der knappe, begründungslose Stil hat in der Aphoristik seine Berechtigung, falls der Satz glanzvoll formuliert und intensiv durchdacht ist; in der Psychologie ist er fehl am Platz, vor allem, wenn er den Gedankenprozeß abwürgt, anstatt ihn pointiert zusammenzufassen und weiter anzuregen.

Im gleichen argumentlosen Iststil geht es weiter: die Ermahnung der Mutter, die Flasche nicht zu zerbrechen, wird umstandslos als Warnung vor der möglichen Defloration gewertet. Diesem Entzifferungsversuch liegt die Gleichsetzung der Flasche mit der jungfräulichen Vagina zugrunde – eine These, die Fromm feinsinnigerweise nicht ausspricht, ohne die aber seine Übersetzung gänzlich absurd wäre. Ich unterschiebe ihm nicht etwa diese Identifikation, sondern weise darauf hin, daß die Warnung vor dem drohenden Verlust der Jungfräulichkeit nur dann als halbwegs sinnvolle Deutung erscheinen kann, wenn das Zerbrechen der Flasche die genannte Bedeutung hat. Die Identifikation hat außer einer entfernten Analogie nichts an Evidenz aufzuweisen: erstens taucht die Flasche in der Perraultschen Version, welche die sexuellen Anklänge stärker betont, überhaupt nicht auf (Paul *Delarue* und Marc *Soriano* haben hervorgehoben, daß sich Fromms Interpretation hauptsächlich auf Grimmsche Textzutaten stützt, die in den Ursprungsversionen nicht zu finden sind), zweitens läßt sich der Satz der Mutter ohne weiteres als alltägliche Ermahnung verstehen, die auch ohne symbolische Erklärung voll aus der Situation verständlich ist (die Vermutung symbolischer Bedeutungen hat doch eher dann einen Sinn, wenn ohne sie ein Rest an Unverständlichkeit bliebe), drittens muß die stellvertretende Funktion der Flasche, selbst wenn sie in bestimmten Fällen beweisbar ist – aber nicht einmal diese Beweismühe macht sich Fromm – keineswegs immer wirksam sein (Symbolbedeutungen sind nichts ein für allemal Feststehendes, sondern ergeben sich aus den jeweiligen Zusammenhängen und Traditionen; wäre es anders, so bräuchte man bei jeder Bedeutungssuche nur im Symbollexikon nachzuschlagen und hätte sogleich den Sinn parat), viertens muß nicht jedes einzelne Objekt im Märchen eine symbolische Bedeutung haben (der Hang zu lückenloser Entschlüsselung scheint symptomatisch für eine interpretatorische Zwangsneurose zu sein).

Bei Fromm wird die zwanghafte Subsumierung noch eine Weile fortgesetzt: die Verschlingszene ist ein Geschlechtsakt (eine nicht unrichtige These, die aber keineswegs alle Bedeutungselemente umschließt), die Wackersteine sind Symbole der Sterilität (eine Gleichsetzung, die uns Fromm in einer kurzen Apposition unterjubelt und die komplementär zur Schwangerschaftshypothese steht, sonst jedoch ohne nähere Erläuterung bleibt), und der rettenden Jägerfigur wird jede wirkliche Bedeutung abgesprochen, damit das Davonkommen des kleinen Mädchens und der alten Großmutter als Triumph männerhassender Frauen gedeutet werden kann (ein rhetorischer Gewaltakt, der fast allem widerspricht, was wir in der Geschichte über die handlungstragenden Personen hören). Summa summarum: hier hat ein symbolhungriger Märchendeuter auf der Couch gelegen und hat den Text gar nicht erst an sich herankommen lassen, sondern ist kurz aufgesprungen, um ihm den Kopf abzureißen.

In Bruno *Bettelheims* Buch ‚Kinder brauchen Märchen', dessen plakativer Titel an den Slogan ‚Hausfrauen brauchen Omo' erinnert, geht es etwas differenzierter zu. Bettelheim peilt das Rotkäppchenmärchen nicht über den Daumen an,

psychoanalyt. Deutung
Bettelheim

von „Iphigenie“ (Klassik), romantischen
Text:

auf richtet sich das Streben der Menschen

und Fiktion (Traum, Erfundenes, Kunst ...)

es?
irklichkeit und literarischem Werk?
, Poesie ...? Wie soll sie auf die Adressaten

sondern hat sich intensiv Gedanken gemacht, einen Teil der Literatur studiert und einige andere Versionen hinzugenommen. Sehr treffend charakterisiert er Perrault, der den Stoff „verniedlicht" und streckenweise so spricht, „als ob er den Erwachsenen über die Köpfe der Kinder hinweg zublinzele". Bei der Interpretation geht er behutsamer vor und legt Wert darauf, daß gute Märchen auf mehreren Ebenen Sinn besitzen, was bedeutet, daß sie nicht auf einen einzigen Symbolbereich reduzierbar sind. Aber auch Bettelheim gerät bei der Suche nach immer schöneren Deutungsmöglichkeiten immer tiefer ins dornige Gestrüpp. Die rote Kappe hat ihm zufolge eine ausschlaggebende Bedeutung und kann als „Symbol einer verfrühten Übertragung sexueller Anziehungskraft" verstanden werden. Obgleich das vorsichtiger formuliert ist als bei Fromm, zeigt es eine ähnliche Voraussetzung an: auch Bettelheim interpretiert Rotkäppchen im Zusammenhang mit der Pubertät, und diese Ausgangsbasis läßt sich mit den herangezogenen Märchentexten, wo es überwiegend als klitzekleines Mädchen dargestellt wird, kaum vereinbaren. Wenn Rotkäppchen dem Wolf erzählt, wo die Oma wohnt, so deutet er dies als unbewußten Wunsch, eine erfahrene Nebenbuhlerin loszuwerden; zugleich wolle die Kleine den Wolf von sich ablenken und ihn bei einer erwachsenen Frau das finden lassen, wofür ihre knospende Sexualität noch nicht reif sei. Daß beide Motive in Widerspruch zueinander stehen, erklärt Bettelheim kurzerhand aus der Ambivalenz Rotkäppchens. Selbst wenn man diese Ambivalenz, die etwas konstruiert wirkt, gelten läßt, kann man vier konträre Punkte aus dem Grimmschen Text anführen: zunächst einmal ist das Mädchen offenherzig, weil es noch ohne Arg ist und in dem Wolf keinen Bösewicht erblickt, zum anderen drängt es dem Wolf die Informationen über die Großmutter nicht auf, sondern gibt diese Auskünfte erst auf ausdrückliche Befragung, ferner ist von einer innigen Beziehung zwischen Oma und Enkelin die Rede und nirgendwo von Spannungen, außerdem ist die Großmutter alt, krank und schwach, also keine Frau mehr, die als erotische Rivalin agieren kann. All diese Sperrigkeiten stören Bettelheim nicht.

Daß der Wolf sich nicht gleich an Rotkäppchen und stattdessen erst an die Großmutter hält, erklärt er mit einem windschief zurechtgezimmerten Gedankengebäude. Auf einer Ebene versteht er dies so: der Wolf will mit dem Mädchen ins Bett gehen, bevor er es verschlingt. Auf einer anderen Ebene so: um an das Rotkäppchen heranzukommen, muß der Wolf, in dem sich der Vater verbirgt, erst die Mutter in Form der Großmutter beseitigen. Dieser Tatverdacht muß, um einen Anschein von Stichhaltigkeit zu haben, vier Unterstellungen machen. Erstens wird der Wolf als Vater identifiziert, was schon eine Simplifizierung darstellt, da der Wolf auch gewisse weibliche Aspekte hat. Zweitens wird die Großmutter unbesehen mit der Mutter gleichgesetzt – eine Gewaltsamkeit, die durch die Bettelheimsche Orthographie ‚(Groß-)Mutter' nicht viel an Überzeugungskraft gewinnt. Drittens müßte verständlich gemacht werden, wie sich der Vater nach dem Tod der Mutter überhaupt an die Tochter heranwagen kann; der Hinweis auf Bauernkulturen, wo die älteste Tochter beim Tod der Mutter deren Platz in jeder Hinsicht einnahm, suggeriert Konvergenzen zwischen völlig verschiedenen Weltbereichen. Viertens hätte der Wolf, wenn er schon vor der Mahlzeit mit Rotkäppchen schlafen wollte, gleich auf einer Waldwiese loslegen können, was womöglich noch schöner als im Bett gewesen wäre; Bettelheim bleibt uns die Begründung schuldig, warum es denn immer im Schlafzimmer geschehen soll.

Ähnlich scheinlogisch behandelt er die Frage, wieso der Wolf nicht stirbt, als man ihm den Bauch aufschneidet. Seine Deutelei veranschaulicht trefflich, wie eine vorgefaßte Generalisierung die konkrete Beweisführung steuert:

Das Märchen schützt das Kind vor überflüssiger Angst. Wenn der Wolf daran sterben würde, daß ihm der Bauch wie bei einem Kaiserschnitt aufgeschnitten wird, könnte der Zuhörer Angst bekommen, ein Kind, das aus dem Leib der Mutter kommt, könnte sie dabei töten.

Vorneweg stolziert ein orakelhaftes Diktum, das so tut, als ob das Märchen ohnehin das Kind vor überflüssiger Angst bewahre und als ob dies auch im konkreten Beispiel der Fall sei – ein feiner Trick, der das Verhältnis von Nachweis und Behauptung umdreht. Gegen den nachfolgenden Satz, welcher schlicht voraussetzt, daß Märchen im Hinblick auf die Psychologie der Zuhörer zusammengebastelt werden, kann folgendes Argument ins Feld geführt werden: wenn Kinder sowieso nicht richtig verstehen, was eigentlich der Tod ist, braucht man sie auch nicht vor der entsprechenden Angst zu schützen, ganz abgesehen von der Frage, ob sich kleine Kinder vorstellen, daß der die Mutter repräsentierende Wolf bei einer Geburt eventuell draufgeht. Außerdem ist gerade das Rotkäppchenmärchen eines der schlechtesten Beispiele für die Lehre, daß Märchen vor überflüssiger Angst schützen: dem Kind im Märchen und dem märchenhörenden Kind wird Angst vor dem vermeintlich bösen Wolf eingeimpft, und auch wenn das Tier zum Schluß besiegt wird, bleibt ein furchterregendes Schreckbild in der Vorstellung erhalten. Anne-Marie *Tausch* hat empirisch nachgewiesen, daß bei Kindern und Erwachsenen, die sich an Rotkäppchen und an ähnliche Märchen erinnern, Trauer und Angst auslösende Situationen deutlich vorherrschen.

Fataler als die logischen Bocksprünge ist die konformistische Ausrichtung der Interpretation: die elterliche Autorität, die bei den Grimms gestärkt aus dem Geschehen hervorgeht, wird ausdrücklich bekräftigt. Bettelheims Theorie macht die Märchen zum unentbehrlichen Bestandstück antirebellischer Pädagogik, und das erklärt den Erfolg seines Buches, das in der modischen Märchenwelle obenauf mitschwamm. Für Rotkäppchen, schreibt er im Predigerton, ist es zwar vorübergehend notwendig gewesen, vom vorgezeichneten Weg abzuweichen, aber nun hat es

> gelernt, daß es weit besser ist, nicht gegen die Mutter aufzubegehren und nicht zu versuchen, zu verführen oder sich von den gefährlichen Aspekten des Mannes verführen zu lassen. ... Es hat gelernt, daß es besser ist, Vater und Mutter und ihre Werte tiefer und auf eine erwachsenere Weise in sein Über-Ich einzubauen...

Das arme Rotkäppchen muß zu Kreuze kriechen, der Lust und Freiheit entsagen, sich im Oberstübchen des Gehirns gesellschaftliche Kontrollinstanzen einbauen lassen und ein angepaßtes, kreuzbraves Fräulein werden. Der Drang zur Positivität, der schon etliche Märchenfassungen zurechtredigiert hat, ist nun auch theoretisch vollendet.

In der Didaktik ist die reglementierende Märcheninterpretation seit langem gang und gäbe. Das reicht bis in sprechtechnische Feinheiten hinein. Schon in Perraults Manuskript vom Ende des 17. Jahrhunderts steht, wie Marc *Soriano* herausgefunden hat, die Randbemerkung: „Um dem Kind Angst zu machen, spricht man diese Worte mit lauter Stimme, als ob der Wolf drauf und dran sei, es zu fressen." Widerwärtiger als solche Regieanweisungen sind didaktische Aufbereitungen, die unbedingt eine Lebenslehre aus dem Märchen extrahieren wollen, um sie den Kindern tropfenweise zu verabreichen. Gegen Ende des letzten Jahrhunderts hörte sich das so an:

> Rotkäppchen hat viele Angst ausstehen müssen, aber es war selbst daran schuld. Wieso? Es hatte nicht auf die Mutter gehört. Es hatte nicht mehr an das Gebot der Mutter gedacht. Es hatte sich vom Wolfe verlocken lassen

> in den Wald. Es war dem Worte des Wolfes gefolgt. Und der Wolf war doch ein Bösewicht. Es war vom rechten Wege abgewichen und auf Abwege geraten. Aber endlich ist es ja wieder auf den richtigen Weg gekommen. Denn es hatte sich an das Gebot der Mutter erinnert. ... Wenn dich die bösen Buben locken, so folge ihnen nicht. Laß dich nicht verführen! Geh nicht ab vom richtigen (rechten) Wege! Gibt es böse Buben auch in der Stadt? Auch in unserer Stadt? O ja. ... Was wollen sie? Sie locken, sie wollen verführen, vom richtigen Wege, dem zur Schule, abbringen. Wie kann man's da klüger machen, als Rotkäppchen tat? Sagen: Nein! Und nicht mehr darauf hören.

Achtzig Jahre später hört es sich nicht viel besser, nur etwas moderner an. In dem Buch ‚Märchen als Schlüssel der Welt', wo das Rotkäppchenmärchen mit dem Ratschlag versehen ist: „Besonders gut im Frühling zu erzählen, wenn schon alle Wiesen blühen", wird die moralische Nutzanwendung unter anderem so gezogen:

> Hinterlistige Lust, die verschlingen will, ist böse. ... Auf dem rechten Weg bleiben ist gut. ... Ein erfrischendes Märchen, bei dem die in Bilder versteckten erotischen Anspielungen auffallen, die deutlich genug, aber – gegenüber den heute üblichen groben sexuellen Aufklärungspraktiken – zart-zurückgenommen sind. ... Die Kinder sollten den Jäger als den kennenlernen, der für den Wald und seine Ordnung (für die Ökologie) mitverantwortlich ist. Er hat dafür zu sorgen, daß die Tierarten in unseren Wäldern erhalten bleiben, aber auch dafür, daß die überzähligen und Schaden anrichtenden Tiere zur rechten Zeit geschossen werden. Wenn wir uns wuchernden Urwald vorstellen, dann erkennen wir den Jäger oder auch Förster als Repräsentanten und Garanten einer Ordnung, die in einer kultivierten Welt notwendig ist...

Das Märchen dient in solchen Interpretationen als bloßes Vehikel, um eine ethische Botschaft an das Kind zu bringen. Der didaktische Usus in der ehemaligen DDR, der nach dem Bericht Sabine *Brandts* in Rotkäppchens Botengang zur Großmutter den Sinn sah, daß in Kindern der Wunsch geweckt wird, erste gesellschaftliche Pflichten zu übernehmen, war da genauso albern und auch genauso bürgerlich wie die westdeutsche Einpaukung gehorsamen Verhaltens.

Als eine westdeutsche Zeitschrift einmal eine umgeschriebene Rotkäppchengeschichte Otto *Gmelins* abdruckte, hagelte es Leserbriefe, die sich gegen die Neufassung sträubten und an der Positivität festhielten:

> Die Märchen ... sind die einzige heile Welt, die den Kindern unserer Zeit geblieben sind. Märchen haben nie Schlechtes getan und werden dies auch nie tun ... Machen sie doch kein Experiment ... Rotkäppchen gehört zu den guten. Dieses braucht man gewiß nicht zu ändern. ... Es sollte in erster Linie das Positive eines Märchens gesucht werden, wie z.B.: ‚Siehst du, das Rotkäppchen wird sicher nun der Mutter besser gehorchen' ... Das Kleinkind lernt im alten Rotkäppchen das Gehorchen kennen.

Gegen die didaktische Zurichtung und gegen die Übermacht herkömmlicher Texte setzen sich die neueren Rotkäppchenversionen zur Wehr, die davon ausgehen, daß es keine unantastbare, absolut richtige, ein für allemal gültige Märchenfassung gibt. ‚Das Rotkäppchen' existiert nicht. Die Grimmsche Version, die bekannteste, ist nur eine von vielen und nicht einmal die beste: trotz mancher packender Momente ist sie ein wenig volksdümmlich und ziemlich löchrig zusammengeflickt. Auch die tiefere Bedeutungsebene ist kein Born quellender Wahrheit. Wer lauthals die Weisheit der Volksmärchen preist, hat ideologische Absichten im Hinterkopf, und wer den Ruf erschallen läßt: „Kinder brauchen Märchen", muß auf die

Frage gefaßt sein: „Ja bittschön, welche Kinder, und welche Märchen?“ Diese Frage regt viele moderne Rotkäppchenvariationen an. Ein autonomer Mensch ist man nicht geworden, wenn man Rotkäppchens Beispiel folgt und mit den alten Ammenmärchen die Milch der traditionellen Denkart in sich aufsaugt, sondern durch Erfindung persönlicher Versionen und Reflexionen. Märchenvariieren ist ein Denken in Bildern, das sowohl einzelne Metaphern und Bildräume als auch ganze Erzählungen umgestaltet. Märchen, die Bilder von uns selbst darstellen, können so weitergedacht werden, daß sich gleichzeitig unser eigenes Wesen verändert. Einerseits wird man erwachsen: die für Fleisch und Blut gehaltenen Märchenfiguren erweisen sich als Ausgeburten gesellschaftlicher Phantasie, und die mit ehrfürchtigem Staunen gehörten Geschichten stellen sich als Textmixturen merkwürdiger Abkunft heraus. Andererseits bedeutet es, daß man die eigene Kindheit wiedergewinnt und den spielerischen Drang in neuen, heiteren, individuellen Gestalten objektiviert. Die Märchenumgestalter, die nicht mehr wie viele kleine Kinder auf wortwörtlicher Wiederholung des Textes bestehen, sondern repetitive Kindheit in kreative Kindheit verwandeln, tun Ähnliches wie der Volksmund vor Jahrhunderten, und auch mit gleichem Recht: ein vorgegebener Stoff wird zum Medium neuer Gedanken, neuer Ausdrucksbedürfnisse und neuer Sozialprozesse. Was man erbt von den Vorfahren, wird kritisiert, umgedeutet und neu in Besitz genommen. Wer über die Entweihung sakrosankter Texte zetert, sei darauf hingewiesen, daß auch Tieck und Grimm nur Umformungen eines alten Motivs vorgelegt haben. Diese älteren Neubearbeitungen sollen keineswegs durch die allerneuesten ersetzt werden; plädiert wird hier nicht für ein Verbot der traditionellen Versionen oder für zensierte Ausgaben. Alte und neue Darstellungen können bunt nebeneinander leben. In der Vielfalt aller Denkmöglichkeiten entfaltet sich der volle Charme des Märchenstoffs.

Die Veröffentlichung der Grimmschen Märchen hat eine erkleckliche Parodienflut hervorgerufen. Vor allem im 20. Jahrhundert hat es den Anschein, als sei das Schreiben von Rotkäppchenversionen ein intellektueller Volkssport in Deutschland. Diese Nachgeschichte des Märchens ist bedeutend lustiger als seine Vorgeschichte, und wir wollen der Versuchung widerstehen, den Witz der Sache hinwegzuerklären – einer Versuchung, der man bei der psychologischen Interpretation leicht erliegt. Für Leute, denen die Freude an der Sprache abhanden gekommen ist und die dem akademischen Aberglauben verfallen sind, daß eine saubere Auflistung verschiedener Klassifikationsmerkmale das Wesen einer Sache erfaßt, könnte man eine detaillierte Tabelle mit I und 1 und A und a aufstellen, um die neueren Rotkäppchenvariationen in Gruppen, Subgruppen und andere Suppen zu streuen. Es wäre auch möglich, langwierig darüber zu debattieren, welche Variationen zu den Oberbegriffen Parodie, Travestie und Satire zu sortieren sind, aber die Abgrenzung ästhetischer Gattungsbegriffe geht nicht immer auf und ist oft nur mit definitorischen Willkürakten zu leisten, die das zertrennen, was sich in Wirklichkeit überlappt, und die über der reinlichen Kategorienscheidung die Sache selbst vernachlässigen. Lassen wir ab von der Schubladenschiebung, und nehmen wir das Märchen nicht mehr so schrecklich ernst!

Erwähnen wir zu Beginn die psychologischen Variationen. Wenn man tiefenpsychologische Interpreten wie Fromm liest, findet man Juvenals Satz bestätigt, daß es schwierig ist, keine Satire zu schreiben. Anders ist es mit jenen psychologischen Märchenversionen bestellt, die von Kindern oder von erwachsenen Patienten stammen. Ottokar *Wittgenstein* hat dargelegt, wie Lebensängste und Lebensschicksale in zurechtfrisierten Märchenvariationen zum Ausdruck kommen: Lükken und Umformungen weisen auf entsprechende Geschehnisse in der individuellen Biographie. Lilla *Veszy-Wagner* hat das Rotkäppchenmärchen in aufschlußreichen Träumen ihrer

Patienten wiedergefunden und durch freie Assoziation die Bedeutung der jeweils intendierten Vorstellungen klären lassen. Diethild *Laitenberger* hat am Beispiel eines sprachgestörten Kindes, das sich in gespielten Märchenszenen zu artikulieren versuchte, geschildert, wie schwierig es ist, die Rotkäppchenseite und die Wolfsseite innerhalb ein und derselben Person miteinander in Einklang zu bringen. Wilhelm *Salber* und Gisela *Rascher* haben eine erwachsene Frau mit dem Rotkäppchenmärchen konfrontiert, die durch den reflexiven Vergleich ihres eigenen Lebensschicksals mit dem Schicksal der Märchenheldin ihre Probleme besser begreifen und lösen lernte.

Interessant ist auch ein völkerpsychologisches Experiment, das in einer Mädchenschule stattfand, wo gleichaltrige Kinder deutscher und französischer Eltern gemeinsam unterrichtet wurden; sie bekamen – nach der Wiedergabe Lutz *Röhrichs* – das Grimmsche Rotkäppchenmärchen vorgelesen und zeichneten es dann. Das Experiment verrät einiges über die unterschiedlichen nationalen Märchenauffassungen.

> Alle deutschen Mädchen der Klasse hatten Rotkäppchen mit blonden Zöpfen gemalt; Ausdruck und Haltung der Heldin waren kindlich naiv und ängstlich zurückhaltend. Der Wolf dagegen wurde als ein Wesen dämonischer Mächtigkeit empfunden. Der Wolf der zehnjährigen Französinnen wirkte daneben hundeartig domestiziert, und es fehlten ihm ganz die dämonischen Züge. Rotkäppchen zeigte auch keine Angst vor ihm, sondern begegnete ihm mit einem graziösen Knicks. Die Heldin war nicht mehr als Kind gezeichnet, sondern als eine selbstbewußte erwachsene kleine Dame, und natürlich hatte Rotkäppchen schwarzes Haar unter seinem zierlichen roten Häubchen, das sich kokett abhob von der kindlichen Zipfelmütze des deutschen Gegenstücks.

Die Mehrzahl der neueren Rotkäppchenvariationen bilden die künstlerischen Versionen. Es gibt Kabarettszenen, Schallplatten, Hörspiele und ein Chorwerk von Franz *Abt*. Die Amerikaner haben Rotkäppchen zu einem Musical verhanswurstet. Auch existieren diverse Filme mit Rotkäppchenbeteiligung, unter denen die Version von *Monty Python* hervorragt, die den großen, bösen Wolf (was konnte man anderes erwarten?) zu einem lumpigen Dackel schrumpfen läßt.

Besonders beliebt ist Rotkäppchen bei den Schreibern von szenischen Spielen und Stücken. Daß Märchenmotive immer stärker verwendet werden, hängt mit Veränderungen des Kollektivbewußtseins zusammen. Eine davon ist der Schwund historischen Wissens. Früher bezogen die Stückeschreiber ihre Stoffe mit Vorliebe aus den griechischen und römischen Mythen, aber weil diese im Gedächtnis der Völker verblassen und man inzwischen Leute trifft, die Achilles für einen Fußballer mit verletzter Sehne halten, greifen die Dramatiker häufiger zu den Märchen, die praktisch jeder in früher Kindheit kennenlernt und sein Leben lang behält. Nicht alle diese Bearbeitungen sind gelungen, und nicht überall findet man so gewitzte Dialoge wie die von Jewgeni *Schwarz*:

> Mutter: Mädchen, denk daran, wenn du am Hochmoor vorbeikommst, stolpere nicht, rutsch nicht aus, paß auf, wo du hintrittst, und fall nicht ins Wasser.
>
> Rotkäppchen: Und du, Mama, wenn du Papas Hemd zuschneidest, mach dir keine Gedanken, schau nicht zum Fenster, sorg dich nicht um mich, sonst schneidest du dir wieder in den Finger.
>
> Mutter: Wenn es regnet oder plötzlich ein kalter Wind weht, dann, Mädchen, atme durch die Nase und mach den Mund zu.
>
> Rotkäppchen: Und du, Mama, stecke Schere, Nadelbüchse, Fingerhut und Zwirnrolle, die Schlüssel zur Speisekammer, zum Schrank und zur Uhr immer schön in die

Schürzentasche. Verleg sie nicht wieder. Wer soll sie wiederfinden, Mama, wenn ich nicht da bin?

Rotkäppchen nimmt die Worte der Mutter scheinbar für bare Münze und zahlt ihr mit gleichem Wechselgeld zurück. Das Ermahnritual wird umgewendet und fällt auf den Urheber zurück. Der Dialog verdankt seine Wirksamkeit hauptsächlich der Tendenz zur Rollenverlagerung, die als Grundeinfall viele neuere Rotkäppchenvariationen bestimmt.

Die Verlagerung kann sich, statt auf schlagfertige Entgegnungen beschränkt zu sein, auf die ganze Handlung erstrecken. Wie James *Thurber* mit lakonischem Witz schildert, ist das moderne Rotkäppchen kein duldendes, hilfloses Geschöpf, sondern macht ohne längere Verschlingungen kurzen Prozeß mit dem Übeltäter. Das alte Verhaltensschema wird blitzschnell umgestülpt. Am Schluß steht eine Moral, die jedoch nicht wie bei Perrault und Grimm eine öde Bürgerregel ist, sondern eine Parodie auf die gewohnte Moral darstellt – wie überhaupt die neueren Rotkäppchenvariationen dazu neigen, das in der didaktischen Tradition zu Tode gerittene Erziehungsmärchen zu entpädagogisieren.

Eines Nachmittags saß ein großer Wolf in einem finsteren Wald und wartete, daß ein kleines Mädchen mit einem Korb voller Lebensmittel für ihre Großmutter des Weges käme. Endlich kam auch ein kleines Mädchen des Weges, und sie trug einen Korb voller Lebensmittel. „Bringst du den Korb zu deiner Großmutter?" fragte der Wolf. Das kleine Mädchen sagte ja, und nun erkundigte sich der Wolf, wo die Großmutter wohne. Das kleine Mädchen gab ihm Auskunft, und er verschwand in den Wald.

Als das kleine Mädchen das Haus ihrer Großmutter betrat, sah sie, daß jemand im Bett lag, der ein Nachthemd und eine Nachthaube trug. Sie war noch keine drei Schritte auf das Bett zugegangen, da merkte sie, daß es nicht ihre

> Großmutter war, sondern der Wolf, denn selbst in einer Nachthaube sieht ein Wolf einer Großmutter nicht ähnlicher als der Metro-Goldwyn-Löwe dem Präsidenten der Vereinigten Staaten. Also nahm das kleine Mädchen einen Browning aus seinem Korb und schoß den Wolf tot.
>
> Moral: Es ist heutzutage nicht mehr so leicht wie ehedem, kleinen Mädchen etwas vorzumachen.

Die spielerische Rollenveränderung kann auch die moralische Schuld verschieben, die nicht mehr dem Wolf, sondern anderen Personen angekreidet wird. In manchen Schülerversionen (Thomas Belker, Patrick Hawner, siehe Anhang) ist es Rotkäppchen, das schlimme Absichten hegt und dem Wolf übel mitspielt.

F.K. *Waechter* hat das in seiner Juxversion, einem Glanzstück der Rotkäppchenliteratur, ähnlich gewendet und außerdem jedes einzelne Element der Geschichte ins Gegenteil verdreht; alles ist genau umgekehrt, aber es wirkt nicht mechanisch umgedreht, sondern überraschend und hochkomisch:

> Es war einmal ein Wolf, der hatte schwarze Füße, einen schwarzen Leib, einen schwarzen Schwanz und einen schwarzen Kopf. Nur hinter den Ohren war er ein wenig rot, und deshalb nannten ihn alle Rotkäppchen.
>
> Eines Tages rief ihn seine Tochter: „He, Rotkäppchen, hier hab ich ein Stücklein Wein und eine Flasche voll Kuchen, geh und bring das dem Großpapa, der ist kerngesund und ärgert sich bestimmt darüber. Aber lauf schön durch den Wald und komm nicht auf den Weg, auf dem das kleine, dicke Mädchen spazierengeht, du wirst dir sonst den Magen an ihm verderben."
>
> Da machte sich Rotkäppchen auf den Weg zum Großpapa.
>
> Wie es aber so durch den Wald tappte, dachte es bei sich: „Was soll ich hier durch die Blumen stolpern, wenn

es auch eine schöne Straße gibt?", und sprang auf die Straße.

Doch kaum hatte es das getan, da kam auch schon das kleine, dicke Mädchen daher und sprach: „Grüß dich, Rotkäppchen, wohin des Wegs?" „Zum Opa, Kuchen und Wein bringen, weil er noch so gesund ist." „Ah", sagte das kleine, dicke Mädchen, das auch noch gern dem Opa den Magen verdorben hätte, „wo wohnt denn dein Opa?" „Noch eine schlechte Viertelstunde die Straße hinunter", sagte Rotkäppchen.

„Schau", rief da das kleine, dicke Mädchen, „die vielen schönen Steinchen auf der Straße, geh und sammle dem Großvater dein Schnupftüchlein voll, das ärgert ihn auch."

Das leuchtete Rotkäppchen ein, und es begann zu sammeln.

Hier bricht Waechters Geschichte ab, der Leser ist aufgefordert, sie fortzusetzen. Der gar nicht so böse Wolf erfährt noch in vielen anderen Variationen seine Rehabilitierung, und der einfältige Dualismus von Gut und Böse, Schwarz und Weiß wird auf vielfältige Weise der Lächerlichkeit zum Fraße vorgeworfen.

Es gibt auch Rotkäppchenversionen, in denen der Wolf gar nicht auftritt – die köstlichste unter ihnen ist die von Slawomir *Mrozek*. Auf sie hingewiesen wurde ich durch Bernd Feglerski-Waltenberg, der mir in einem Brief aus China mitteilte, in welchem Buch ich sie finden konnte; in der Zürcher Zentralbibliothek bin ich dann fündig geworden. Schönen Dank, Bernd, für den Tip!

Rotkäppchen ging durch den Wald. Es trug einen Korb mit Lebensmitteln und war müde.

Das Schlimmste ist, dachte es: Wenn ich ans Ziel komme und den widerwärtigen Wolf erblicke, werde ich so tun müssen, als wüßte ich nicht, was los ist. Ich werde ihm dumme Fragen stellen: Ei, Großmutter, was hast du für große Ohren, was hast du für ein entsetzlich großes Maul... Dann lasse ich mich fressen, es geht weiter bis zu dem saudummen Epilog, in dem der brave Jäger dem Wolf den Bauch aufschneidet und mich und die Großmutter befreit. Und danach fängt alles wieder von vorn an. Was für ein Schreiberling mit schmutziger Phantasie sich dieses ganze Märchen wohl ausgedacht hat?

Rotkäppchen trat gegen einen Fliegenpilz, der auf seinem Wege stand.

Mindestens das war im Programm nicht vorgesehen, dachte es und betrachtete zufrieden den desintegrierten Pilz. Doch solche kleinen Zufälligkeiten rekompensieren nicht das deterministische Prinzip.

Da ist schon das Häuschen der Großmutter. Rotkäppchen seufzte und klopfte an die Tür. „Herein", vernahm es eine Stimme. Es trat ein. Die angebliche Großmutter lag wie üblich im Bett. Rotkäppchen stellte den Korb mit Lebensmitteln auf den Tisch und setzte sich auf den Stuhl am Bett.

„Ei, Großmutter, was hast du für große Ohren?" begann es aufzusagen und dachte dabei an etwas anderes.

Der Großmutter-Wolf antwortete etwas, aber Rotkäppchen hörte gar nicht hin, weil es ja von vornherein wußte, was es hören sollte. Es ging zur zweiten Frage über.

„Aber Großmutter, was hast du für ein entsetzlich großes Maul?"

„........................ auf," sagte die Großmutter.

„Wie?" fragte Rotkäppchen, denn es war so müde und dachte so intensiv an etwas anderes, daß es nur das „auf" am Ende gehört hatte, und dieses „auf" stimmte nicht mit dem festgelegten Text überein. Die rituelle Antwort mußte lauten: Daß ich dich besser fressen kann.

„Ich habe gesagt, spiel dich nicht auf, mein Kind.

> Wenn du wieder meinst, dies sei ein Märchen und nicht die Wirklichkeit und ich nicht deine Großmutter, sondern der verkleidete Wolf, dann irrst du dich. Und jetzt zeig her, was du mir zu essen mitgebracht hast.“
>
> Rotkäppchen seufzte noch tiefer als zuvor und ließ den Kopf sinken. Es hatte verstanden, die wahre Langeweile begann erst jetzt.

In der Fassung von Tomi *Ungerer* ist die Großmutter eine garstige Frau, zu der Rotkäppchen nicht gerne geht, und der Wolf, der dem Mädchen im Walde auflauert, tut das aus Liebe und ist überhaupt viel besser als sein Ruf:

> „Diese Körbe scheinen wirklich schwer zu sein. Ha! Weißt du was? Ich werde sie dir tragen helfen. Ich bin stark und tüchtig, und es ist, wenn du mich fragst, eine wahre Schande, einem so süßen kleinen roten Mädchen derartige Lasten aufzubürden. Ich weiß von deiner Großmutter und kann dazu nur sagen, daß ihr Ruf noch schlechter ist denn der meine.“
>
> „Was ist das, ein Ruf, edler Fürst?“ forschte unsere Heldin.
>
> „Nenne mich Herzog“, erwiderte der Wolf. „Ein Ruf ist das, was die Leute von einem denken. Rufe gibt es in allen Größen, manche sind gut, manche sind schlecht oder sehr schlecht, wie zum Beispiel der meine. Wie dem auch sei, hier ist mein Plan, und er kommt von einem, der mehr Lebenserfahrung hat als du. Mit diesen meinen starken Armen werde ich deine Körbe tragen, doch nicht zum Bungalow deiner Oma, sondern zu meinem ganz privaten Schloß. Komm mit, ich lebe ganz allein und langweile mich, komm mit mir, und ich werde alle meine Geheimnisse mit dir teilen. Meine Keller bersten von Schätzen. Du wirst in Sammet schlafen und in Seide gehen. In meinen Schränken hängen die köstlichsten Brokat-

kleider, an Stangen aus echtem Gold. Zur Winterszeit werden dich Zobelpelze umhüllen. Meine Diener werden den Boden küssen, darauf du wandelst. Ich werde dich glücklich machen, du wirst mich glücklich machen, ganz wie im Märchen."

Ein ernstes Schweigen entstand, und Rotkäppchen trat mißtrauisch drei Schritte zurück.

„Man hat mir erzählt, daß Wölfe gern kleine Kinder verspeisen. Ich traue Euch nicht so ganz, Herr Herzog... Ihr werdet mich doch nicht fressen, nicht wahr? Mit einem so großen Mund, wie Ihr ihn habt, könntet Ihr mich leicht auf einen Ruck und Schluck verschlingen, mit Knochen und Mantel und allem."

„Unsinn, mein Kind, nichts als Verleumdung. Wölfe fressen nur häßliche Kinder, und auch diese nur auf besonderen Wunsch", entgegnete die Bestie mit zuckersüßem Lächeln. „Nie im Leben würde ich so etwas tun, beim Barte meiner Frau Mutter, niemals!"

„Aber Eure Kiefer sind gewaltig groß und sehen zum Fürchten aus, und die riesigen Fangzähne dort, warum funkeln sie so?" fragte das Mädchen unerschrocken.

„Weil ich sie jeden Morgen mit Tripelpulver bürste."

„Und Eure Zunge? Warum ist sie so rosig?"

„Weil ich mit Vorliebe Rosenknospen zu kauen pflege. Rosa und Rot sind meine Lieblingsfarben", sagte der Wolf.

„Und warum habt Ihr –"

„Hör auf, so dumm zu fragen", unterbrach der Wolf. „Wir müssen uns sputen, wenn wir meine fürstliche Wohnung noch vor Einbruch der Dunkelheit erreichen wollen. Außerdem sind Fragen schädlich für dein Glück. Komm", sagte der Wolf, indem er die Körbe hob. „Komm, ich habe eine ganze Bibliothek voll spannender Bücher in meinem Schloß und eine Wucht von einem Swimmingpool in meinem tropischen Treibhaus."

„Aber ich kann gar nicht schwimmen", sagte Rotkäppchen. „Und was wird aus meinen Eltern und meiner bösen Großmutter?"

„Lies das Ende dieser Geschichte, und du wirst es wissen", sagte der Wolf. „Wir schicken deinen Eltern eine Postkarte und werden sie zur Hochzeit einladen. Deine Großmutter ist alt genug, um für sich selber zu sorgen, und wenn du nicht schwimmen kannst, so lassen wir einfach das Wasser aus dem Swimming-pool ab."

Und schon zogen sie los und lebten fortan herrlich und in Freuden. Sie feierten Hochzeit und bekamen alle möglichen Kinder, die ebenfalls fortan herrlich und in Freuden lebten.

Und die Großmutter? Allein und ohne Lebensmittel, schrumpfte und schrumpfte sie immer mehr zusammen, bis sie nur noch ein paar Zentimeter groß war. Zum letztenmal wurde sie gesehen, als sie in Gesellschaft einer Wanderratte eine fremde Speisekammer durchstöberte. Und winzig und hungrig, war sie immer noch so böse wie eh und je.

In der Rotkäppchenfassung von *Ringelnatz* ist die Großmutter die aktive Heldin der ganzen Geschichte – eine Abwandlung, die auf frappierende Weise mit uralten Vorstellungen koinzidiert; wie Marie *Pancritius* zu zeigen versucht, könnte Rotkäppchens Großmutter als mythische Herrin der Todeswelt in einer matriarchalischen Kultur gedeutet werden. Bei Ringelnatz ist von finsterer Archaik freilich nicht viel zu spüren. Seine Umdrehung der Geschichte entspringt der Freude am moralischen Rollentausch und der sprachlichen Erzählkunst, die ein langes Seemannsgarn ausspinnt, um verschiedene Alltags- und Märchenelemente bunt zusammenzuknüpfen und den vertrauten Dingen eine verblüffende Wendung zu geben:

Also Kinners, wenn ihr mal fünf Minuten lang das Maul halten könnt, dann will ich euch die Geschichte vom Rotkäppchen erzählen, wenn ich mir das noch zusammenreimen kann. Der alte Kapitän Muckelmann hat mir das vorerzählt, als ich noch so klein und dumm war, wie ihr jetzt seid. Und Kapitän Muckelmann hat nie gelogen.

Also lissen tu mi. Da war mal ein kleines Mädchen. Das wurde Rotkäppchen angetitelt – genannt heißt das. Weil es Tag und Nacht eine rote Kappe auf dem Kopfe hatte. Das war ein schönes Mädchen, so rot wie Blut und so weiß wie Schnee und so schwarz wie Ebenholz. Mit so große runde Augen und hinten so ganz dicke Beine und vorn – na kurz, eine verflucht schöne, wunderbare, saubere Dirn.

Und eines Tages schickte die Mutter sie durch den Wald zur Großmutter; die war natürlich krank. Und die Mutter gab Rotkäppchen einen Korb mit drei Flaschen spanischen Wein und zwei Flaschen schottischen Whisky und einer Flasche Rostocker Korn und einer Flasche Schwedenpunsch und einer Buttel mit Köm und noch ein paar Flaschen Bier und Kuchen und solchen Kram mit, damit sich Großmutter mal erst stärken sollte.

„Rotkäppchen", sagte die Mutter noch extra, „geh nicht vom Wege ab, denn im Walde gibts wilde Wölfe!" (Das Ganze muß sich bei Nikolajew oder sonstwo in Sibirien abgespielt haben). Rotkäppchen versprach alles und ging los.

Und im Walde begegnete ihr der Wolf. Der fragte: „Rotkäppchen, wo gehst du denn hin?" Und da erzählte sie ihm alles, was ihr schon wißt. Und er fragte: „Wo wohnt denn deine Großmutter?"

Und sie sagte ihm das ganz genau: „Schwiegerstraße dreizehn zur ebenen Erde."

Und da zeigte der Wolf dem Kinde saftige Himbeeren und Erdbeeren und lockte sie so vom Wege ab in den tiefen Wald.

Und während sie fleißig Beeren pflückte, lief der Wolf mit vollen Segeln nach der Schwiegerstraße Nummero dreizehn und klopfte zur ebenen Erde bei der Großmutter an die Tür.

Die Großmutter war ein mißtrauisches, altes Weib mit vielen Zahnlücken.

Deshalb fragte sie barsch: „Wer klopft da an mein Häuschen?"

Und da antwortete der Wolf draußen mit verstellter Stimme: „Ich bin es, Dornröschen!"

Und da rief die Alte: „Herein!"

Und da fegte der Wolf ins Zimmer hinein. Und da zog sich die Alte ihre Nachtjacke an und setzte ihre Nachthaube auf und fraß den Wolf mit Haut und Haar auf.

Unterdessen hatte sich Rotkäppchen im Walde verirrt. Und wie so pißdumme Mädel sind, fing es an, laut zu heulen.

Und das hörte der Jäger im tiefen Wald und eilte herbei. Na – und was geht uns das an, was die beiden dort im tiefen Wald miteinander vorgehabt haben, denn es war inzwischen ganz dunkel geworden, jedenfalls brachte er sie auf den richtigen Weg.

Also lief sie nun in die Schwiegerstraße. Und da sah sie, daß ihre Großmutter ganz dick aufgedunsen war.

Und Rotkäppchen fragte: „Großmutter, warum hast du denn so große Augen?" Und die Großmutter antwortete: „Damit ich dich besser sehen kann!"

Und da fragte Rotkäppchen weiter: „Großmutter, warum hast du denn so große Ohren?"

Und die Großmutter antwortete: „Damit ich dich besser hören kann!"

Und da fragte Rotkäppchen weiter: „Großmutter, warum hast du denn so einen großen Mund?"

Nun ist das ja auch nicht recht, wenn Kinder so was zu einer erwachsenen Großmutter sagen.

Also da wurde die Alte fuchsteufelswild und brachte kein Wort mehr heraus, sondern fraß das arme Rotkäppchen mit Haut und Haar auf. Und dann schnarchte sie wie ein Walfisch. Und draußen ging gerade der Jäger vorbei.

Und der wunderte sich, wieso ein Walfisch in die Schwiegerstraße käme. Und da lud er seine Flinte und zog ein langes Messer aus der Scheide und trat, ohne anzuklopfen, in die Stube.

Und da sah er zu seinem Schrecken statt einen Walfisch die aufgedunsene Großmutter im Bett.

Und – diavolo caracho! – da schlag einer lang an Deck hin! – Es ist kaum zu glauben! – Hat doch das alte gefräßige Weib auch noch den Jäger aufgefressen. –

Ja, da glotzt ihr Gören und sperrt das Maul auf, als käme da noch was. – Aber schert euch jetzt mal aus dem Wind, sonst mach ich euch Beine.

Mir ist schon sowieso die Kehle ganz trocken von den dummen Geschichten, die doch alle nur erlogen und erstunken sind.

Marsch fort! Laßt euren Vater jetzt eins trinken, ihr – überflüssige Fischbrut!

Neben den spielerischen Versuchen, die Rollenverteilung im Märchen zu verlagern, gibt es Versionen, die das Märchen bestehen lassen und ihm einen Nachspann oder Vorspann beifügen. Iring Fetscher hat in seinem ersten Märchenverwirrbuch dem Mädchen einen Bruder namens Rotschöpfchen beigestellt, der im Wald einen freundlichen, hilfsbereiten Wolf trifft und mit ihm nach Hause kommt, wo sie vom Vater mit Schlägen empfangen werden, worauf der Wolf beschließt, sich an dem Schwesterlein zu rächen; ab hier beginnt das bekannte Märchen.

An dessen Ende setzt eine Version ein, mit der Frida *Schanz* zum Ausklang der wilhelminischen Epoche das Publikum beglückte. Der Passus ist Bestandteil eines Büchleins mit dem Titel ‚Wie unsere Märchen weitergehen' und birst vor unfreiwilliger Komik. Rotkäppchen verwirklicht im Kreise ihrer Familie die traditionelle Frauenrolle und wird dem Leser als vollkommenes Kleinbürgerideal präsentiert:

> Ach ja, Rotkäppchen! Denkt nur, die hätte ich beinahe vergessen!
>
> Nun gibt es ein Fragen: Was ist denn aus der geworden? Wie ist es denn der ergangen?
>
> Rotkäppchen war sehr glücklich geworden. Sie war Frau Oberforsterin und hatte zwei entzückende Kinder, einen braunen Buben und ein hellockiges, kleines Töchterchen: Marie.
>
> Am anderen Tag kam die ganze Gesellschaft auch nach Feenhausen. Wir aßen alle zusammen Mittag im dämmerigen Ratskeller.
>
> Nein, was hatte Rotkäppchen für einen freundlichen, lieben Mann! Sein Gesicht war mir bekannt, aber ganz genau wußte ich doch nicht, wo ich ihn gesehen hatte.
>
> Richtig! Richtig! Im Waldhäuschen bei der alten kranken Großmutter! Derselbe war's, der dem bösen Wolf den Bauch aufgeschlitzt und das süße Rotkäppchen und die arme, gute Frau gerettet hatte.
>
> Wie waren die beiden froh gewesen, als sie aus dem dumpfen, dunklen Wolfsbauche herauskamen! Der liebe Jäger mußte gleich zu Tisch bleiben und die guten Sachen mit aufessen, die Rotkäppchen in ihrem Korbe mit herausgebracht. Dann nahm er das schöne Kind an der Hand und führte es durch den Wald wieder zu seinen Eltern. Er blieb den Abend über dort und ist seitdem jeden Sonntag zum Mittag geladen worden. Rotkäppchen war sein Herz-

blatt und er ihr Liebling. Als sie größer war, ist sie natürlich seine Frau geworden.

Sie hausen glückselig in dem reizenden, braunen Forsthaus am Wald, wo so stärkende Luft und so gesundes Leben ist, daß sie auch noch Sommerwohnungen an vornehme Märchenleute vermieten. Im vergangenen Jahr haben Einäuglein und Dreiäuglein mit ihren Männern einen ganzen Monat dort logiert.

Sogar im harten, eiskalten Winter ist's hübsch in der Oberförsterei. Noch bei zwanzig Grad Kälte kann man Rotkäppchen mit ihren Kleinen im glitzernden Wald spazieren gehen sehen. Sie frieren nicht, denn der böse Wolf, der dickfellige Patron, ist nach seinem Tode noch ihr Wohltäter geworden.

Der Jäger fischte ihn nämlich wieder aus dem Teich, wohinein er ihn geworfen, und zog ihm die Haut ab. Solch ein weiches, warmes Wolfsfell hatte es noch nie gegeben. Es wurde mit jedem Jahr schöner, und der gute Mann konnte seinem Weibchen die prachtvollste Pelzjacke davon machen lassen. Aus den Resten bekam später Marie, Rotkäppchens Kind, noch ein Müffchen und der kleine Willy eine Mütze. In dieser Kleidung spüren sie überhaupt nicht, wenn es Winter wird.

Wie man es besser machen kann, zeigt außer der Geschichte Bernhard Schindlers, die im Anhang abgedruckt ist, die Rotkäppchenvariation von Stefan *Heym.* Er beginnt ebenfalls am Ende des Grimmschen Märchens und beschreibt das kleine Mädchen als Opfer seiner eigenen Geschichte. In einer Gesellschaft, die auf Publicity süchtig ist, besteht ein Bestätigungszwang, der die prominent gewordenen Leute dazu bringt, das Karussell des Geredes in Schwung zu halten. Darüber verkümmern die menschlichen Qualitäten und auch die Leistungen, denn das Unwahrscheinliche läßt sich nicht einfach wiederholen. Erfolg wird über Glück gestellt, darunter leidet auch der Erfolg. Erst der Verzicht auf Ruhm holt das Gute, das doch so nahe lag, zurück und beschenkt den vom hohen Roß Gestürzten mit alter Liebe und neuer Spielfreude.

Rotkäppchen wurde sehr bald zum bekanntesten Rotkäppchen im Lande, und von überallher kamen die Leute angereist und wollten es sehen, sogar aus der Hauptstadt, und sie wollten hören, wie das Rotkäppchen die Geschichte erzählte, und viele stellten Fragen, die das Rotkäppchen alle geduldig beantwortete; zum Beispiel wollten sie wissen, wie es denn gewesen wäre in dem Bauch vom Wolf.

„Eng und dunkel", sagte das Rotkäppchen, „und auch ein bißchen glitschig." – Ja, wollten die Leute wissen, ob es denn gar keine Angst gehabt habe?

„Das schon", sagte das Rotkäppchen, „aber die Großmutter war ja bei mir."

Aber wenn es dunkel war in dem Bauch von dem Wolf, wollten die Leute wissen, wie konnte das Rotkäppchen da sehen, daß es seine Großmutter war, die mit ihm in dem Bauch steckte?

„Meine Großmutter", antwortete da das Rotkäppchen, „erkenne ich sogar im Dunklen."

Aber wenn das Rotkäppchen seine Großmutter sogar im Dunkeln erkennen konnte, wollten die Leute wissen, wieso habe es da den Wolf im Bett mit der Großmutter verwechselt?

Da lachte das Rotkäppchen hell heraus und sagte, es habe ja auch gleich gemerkt, daß etwas nicht stimmte; hätte es sonst vielleicht nachgefragt wegen der großen Ohren und der großen Augen und der großen Hände und wegen des entsetzlich großen Mauls? – Die Leute staunten: Das war mal eine gescheite Antwort! Und das Rotkäppchen wurde so berühmt, daß sogar ein richtiger Dichter kam aus der Hauptstadt und über es schreiben wollte, und die Leute sagten, wenn es so weiterginge mit Rotkäppchen, werde es hoch hinaus gehen mit ihm, und der Felix von nebenan, mit dem das Rotkäppchen bis dahin immer gespielt hatte, wurde ganz traurig, denn das Rotkäppchen schenkte ihm überhaupt keine Beachtung mehr und sah ihn auch nicht an.

Aber wie das so ist im Leben, auch die größte Berühmtheit verblaßt allmählich, sogar wenn einer eine Viertelstunde im Bauch vom Wolf gesteckt hat, oder war es eine halbe, und wenn das Rotkäppchen die Geschichte wieder erzählen wollte, sagten die Leute, das kennen wir schon und dankeschön.

Da wurde das Rotkäppchen ganz traurig und maulte im Hause herum, bis die Mutter es satt hatte und zu ihm sagte: „Weißt du, Rotkäppchen, du könntest auch mal was tun, statt hier im Haus zu sitzen und zu warten, bis jemand kommt, dem du deine Geschichte erzählen kannst und der dich bestaunt. Ich habe einen Kuchen gebacken und eine Flasche Wein gekauft, die tue ich in ein Körbchen, und du kannst sie zur Großmutter im Walde tragen, denn es geht ihr wieder mal nicht gut."

Erst wollte das Rotkäppchen nein sagen, denn es dachte, es sei zu berühmt, um Kuchen und Wein zur Großmutter oder zu irgendeinem zu tragen, aber dann besann es sich, daß es ja noch mehr Wölfe gab im Wald als den, dem der Jäger den Bauch aufgeschnitten hatte, und es sagte zu seiner Mutter: „Ei ja, gib' mir nur den Korb, und ich will schon sehen, daß die Großmutter alles richtig bekommt." Und damit setzte es sich sein Käppchen aus rotem Sammet auf, das die Großmutter ihm geschenkt hatte und mit dem es so hübsch aussah, und trabte los.

Dann schlägt Rotkäppchen der Großmutter und dem Sohn des alten Wolfes vor, das ganze Spielchen noch einmal von vorn zu beginnen, denn „zweimal hintereinander im Bauch von einem Wolf, das hat es überhaupt noch nicht gegeben", aber beide lehnen dankend ab, und es muß unaufgefressen nach Hause zurückkehren, wo eine Überraschung auf es wartet:

> Als es ins Dorf kam, trat der Felix von nebenan gerade auf die Straße und staunte, weil das Rotkäppchen ihn plötzlich wieder ansah und ihm Beachtung schenkte, und er faßte sich ein Herz und fragte, ob das Rotkäppchen vielleicht auch wieder mit ihm spielen wollte.
>
> „Ach du", sagte das Rotkäppchen, „du spielst auch immer dasselbe, Haschmich und Kreuzhüpf und Bäumchenverwechseln."
>
> Nein, sagte der Felix von nebenan, er hätte wohl ein neues Spiel, das sehr lustig wäre. – „Und wie heißt dein neues Spiel?" wollte das Rotkäppchen wissen. – „Mein neues Spiel heißt Rotkäppchen und der Wolf", sagte der Felix von nebenan.
>
> Da war das Rotkäppchen wieder vergnügt, denn es dachte, wenn ein neues Spiel nach einem benannt wird, das ist der Höhepunkt der Berühmtheit, und es wollte wissen, wie man das Spiel spielt. „Ganz einfach", sagte der Felix von nebenan, „du bist das Rotkäppchen, und ich bin der Wolf, und ich freß dich."
>
> „Aber", sagte das Rotkäppchen, „dann müssen wir dir dann auch den Bauch aufschneiden, damit ich wieder herauskann."
>
> „Nein", sagte der Felix von nebenan, „denn ich freß dich ja aus Liebe. Und wenn einer aus Liebe gefressen wird, der bleibt drin."

Zu den beliebtesten Rotkäppchenvariationen zählen die sprachspielerischen, sprachkritischen und dialektalen Versionen. Da findet man Fassungen auf Chemisch, auf Mathematisch, auf Theologisch, auf Oberfränkisch, auf Mannheimerisch, auf

Mecklenburgisch, auf Bayrisch; allein aus meiner nordhessischen Heimat habe ich fünf Dialektversionen gesammelt.

Janosch hat seine spielerische Umformung damit bestritten, daß er ein einziges Wörtchen an jeder möglichen und unmöglichen Stelle wiederholt. Das ist am Anfang sehr spaßig, aber der Witz wirkt am Ende ähnlich mechanisch wie die verballhornte Mechanisierung.

> Es war einmal eine süße elektrische Dirn, die hatte jedermann elektrisch lieb, am liebsten aber ihre elektrische Großmama; sie wußte gar nicht, was sie alles dem Kind geben sollte. Einmal schenkte sie ihm ein elektrisches Käppchen von rotem Samt. Und weil es ihm gar so gut stand, daß es gar nichts anderes mehr tragen wollte, hieß es das „elektrische Rotkäppchen".
>
> Da sagte einmal seine elektrische Mutter zu ihm: „Komm doch mal her, elektrisches Rotkäppchen! Hier hast du ein Stück elektrischen Kuchen und eine elektrische Flasche mit elektrischem Wein, die bring der elektrischen Großmutter hinaus. Sie ist krank und schwach und soll sich damit ein bißchen elektrisieren. Aber gib schön acht, daß du nicht vom Weg abkommst, sonst verbiegst du dir einen Draht! Nun geh schon!"
>
> Sie schaltete ihr Kind an, gab ihm einen Schubs, und das elektrische Rotkäppchen machte sich auf den elektrischen Weg.

Otto, der deutsche Komikerstuntman, hat Rotkäppchen auf seine Weise durchgewalkt. Seine primitivisierende Vortragsversion verliert etwas, wenn man sie gedruckt vor sich sieht; da sie aber ein typisches Produkt der grassierenden Märchenverblödelung ist, sei sie hier zitiert:

> Rotkäppchen ging durch den Wald. Wodurch sollte sie auch sonst gehen? Rotkäppchen ging durch den Wald und

wollte Beeren pflücken. Und Rotkäppchen hatte ein ganz doll rotes Käppchen auf. Und es wollte Blaubeeren pflükken, Himbeeren, Erdbeeren, und wie es so durch den Wald ging und nach Beeren suchte, da hörte das Rotkäppchen plötzlich eine Stimme, die da rief: „Hilfe! Hilfe! Schnabbeldibabbeldizupf!" Und Rotkäppchen, erstaunt, biegt das Blaubeerbüschlein zur Seite und sieht in einem kleinen Waldsee ... den Wolf, von wilden Buschmännern umgeben, hätt ich bald gesagt ... den Wolf, kurz vorm Ertrinken. Und der Wolf, wuff: „Hilf mir, Rotkäppchen, hilf mir!" Und Rotkäppchen sagt: „Nein nein, den Gag kenn ich, nachher willst du meine Großmutter fressen und so, nee nee". „Komm, also, komm, ich, Mensch, ich, blubblubb". Und dann faßt sie sich ein Herz und läßt sich breitschlagen und stürzt sich in die Fluten, nachdem sie ihr Käppchen abgelegt hat, krault zu dem Wolf und greift ihn so hinten am Schwanz und zieht ihn so sachte aus dem Wasser raus bis zum Ufer, und als sie das Ufer erreicht haben – knack, ein wunderschöner Prinz stand vor ihr, mit kurzgeschorenem blonden Haar, metallicblauen Augen und intelligentem Blick. Und er spricht mit sanfter Stimme: „Siehst du, Rotkäppchen, Märchen können auch wahr werden. Übrigens kannst du mich jetzt loslassen".

Der eigentliche Auslöser der Rotkäppchenparodienwelle in Deutschland war ein ‚Simplicissimus'-Text aus dem Jahre 1909, der vielfach plagiiert, raubgesendet und anonym tradiert wurde. Der Autor dieses Juristenjuxes war ein Mensch namens *Graef*, dessen Name hiermit die ihm gebührende Anerkennung findet. Zwar gab es schon vor 1909 eine Reihe von Rotkäppchenbearbeitungen und Rotkäppchenvariationen (Gustav Holting, Alexander von Ungern-Sternberg, Ludwig Bechstein und andere), doch sind die meisten dieser Versionen unbedeutend. Graef reads as follows:

Es war einmal eine Minderjährige, die unter der elterlichen Gewalt ihrer Mutter stand, da ihr Vater schon gestorben war. Ob die Mutter zugleich Vormund war, ist nicht bekannt. Es lebte ferner ihre Großmutter mütterlicherseits. Der der Mutter der Minderjährigen obliegenden Unterhaltspflicht der Großmutter gegenüber (§ 1601 BGB.) kam erstere dadurch nach, daß sie kraft der ihr zustehenden elterlichen Gewalt die Minderjährige beauftragte, der Großmutter in ihren, von dem der Mutter verschiedenen Wohnsitz, der sich von letzterem nicht weit, etwa zwei Kilometer, befand, einen Korb, Eßwaren enthaltend, zuzustellen. Die Minderjährige begab sich zwecks Erfüllung des ihr übertragenen Auftrages (§ 662f BGB.) zum Wohnsitze der Großmutter, der sich in einem Walde befand. Hierbei begegnete ihr ein herrenloses Tier, ein Wolf. Nachdem dieser durch Erkundigungen bei der Minderjährigen den Wohnsitz der Großmutter ermittelt hatte, begab er sich unverzüglich dorthin und verübte dortselbst an der Großmutter des Kindes das Delikt des Menschenraubes in Idealkonkurrenz mit dem des Mordes (§§ 234, 211 StGB.), begangen durch Auffressen. Sodann erwartete er die Ankunft des Kindes und verübte an diesem das gleiche Delikt, nachdem er in der Absicht, sich an den im Korbe enthaltenen Lebensmitteln einen rechtswidrigen Vermögensvorteil zu verschaffen, das Vermögen der Mutter des Kindes dadurch beschädigt hatte, daß er durch die Vorspiegelung der nachweislich falschen Tatsache, er sei mit der Person der Großmutter identisch, in dem Kinde einen Irrtum erregt und unterhalten hatte, wodurch er sich des Betruges schuldig machte (§ 263 StGB.). Hierauf schlief er infolge des ungewohnten Alkoholgenusses an der Mordstelle ein, nachdem er sich in das Bett der Großmutter gelegt hatte. Kurze Zeit darauf kam der Oberförster B. an der Mordstelle vorbei, hörte ein ungewöhnliches Geräusch und drang in das Zimmer der

Großmutter ein. Als er den Wolf im Bett erblickte, schnitt er im Wege der Sachbeschädigung dem Wolf den Bauch auf. Das durfte er nicht berechtigterweise tun, da der Wolf sich im Zimmer, demnach im Gewahrsam der Großmutter befand und somit gemäß § 960 BGB. nicht mehr herrenlos war. Jedoch stellte sich nach der Entwicklung der Sachlage sein Vorgehen nur als Geschäftsführung ohne Auftrag heraus, da durch sein Vorgehen die Großmutter wie die Minderjährige noch lebend angetroffen wurden und es durch Nachfrage bei der Großmutter festgestellt wurde, daß die Handlungsweise des Oberförsters dem mutmaßlichen Willen der Eigentümerin des Wolfes entsprochen hatte; cf. § 677 BGB. Durch Schenkung gelangte hierauf die Minderjährige zum Eigentumsrecht an einer rotgefärbten Kopfbedeckung, worauf ihr auf den Antrag ihres gesetzlichen Vertreters die Führung des Namens Rotkäppchen genehmigt wurde.

Vermutlich inspiriert durch Graefs Text ist die im Anhang abgedruckte Version Thaddäus Trolls, die das Märchen vom Deutschen ins Amtsdeutsche übersetzt und eine umwerfende praktische Sprachkritik übt. In Bremen mußten Beamte und Beamtenanwärter diese Trollsche Version als abschreckendes Beispiel studieren; ob mit Erfolg, bleibt zweifelhaft. In der Trollvariation, die unter den verschiedensten Titeln nachgeahmt wurde, geht es weniger um eine Umerzählung des Märchens als um eine Verspottung bürokratischer Verhaltensweisen und Sprachregelungen. Das Kindermärchen, dessen einfacher Erzählstil jedem geläufig ist, wird dem unbeholfenen und nahezu unverständlichen Beamtenjargon unmittelbar entgegengesetzt. Nicht nur Form und Inhalt werden kontrastiert, sondern auch Form und Form. Das Märchen dient als Mittel, um einen gänzlich anderen Bereich zu kritisieren, und die spöttische Absicht erreicht ihren Zweck mit drastischer Komik. In ähnlicher Weise karikiert Troll in seiner zweiten

Version die Sprache der Werbung, wobei die Wirkung ein wenig geschmälert wird, weil allzu viele Sprachmonstren auf engstem Raum zusammengedrängt sind und sich gegenseitig auffressen. Während die Rotkäppchenversionen auf Chemisch, Mathematisch und in anderen Fachsprachen Ulkcharakter haben und den jeweiligen Jargon zum Lachgenuß von Insidern reproduzieren, erreichen die Parodien auf die Amtssprache und die Reklame satirische Schärfe. Wenn dieser Sprachstil nicht so furchtbar lustig wäre, wäre er nur furchtbar. Parodie und Travestie sind Formen der indirekten Kritik, aber in solchen Versionen, die genau den falschen Ton treffen, dringen sie direkt ins Wesen der Sache. Da ist nicht viel von Übertreibung und Verzerrung spürbar, und es erhebt sich der Verdacht, daß die alte Rede vom übertreibenden und verzerrenden Charakter der Satire einer obrigkeitsfreundlichen Sprachregelung entstammt. Die Sprache der Werbung und der Bürokratie ist bereits ihre eigene Parodie, und die Sprachsatire rückt das nur schärfer ins Bewußtsein.

Eine Brücke zwischen den sprachkritischen und den politischen Variationen schlägt Iring *Fetscher* mit der Satire ‚Streit um Rotkäppchen' in seinem zweiten Märchenverwirrbuch. Auf einem Kongreß mit Wissenschaftlern aus Amerika, Rußland, China und der ehemaligen DDR, von denen jeder eine andere Richtung der Märcheninterpretation verteidigt, trägt der chinesische Chefdelegierte, Professor Ping Peng Pong, eine Rotkäppchenanalyse vor, die als Ergebnis einer Sondersitzung der chinesischen Akademie für Märchendeutung präsentiert wird. Formelhafte Wendungen, die in vielen Proklamationen offiziöser Institutionen herumwimmeln, werden in aneinandergereihter Form auf ein Märchen gestülpt und enthüllen ihren Phrasencharakter. Es zeigt sich, daß die materialistische Erklärungsmethode, die ihren guten Sinn erweisen kann, indem sie sich in die Sache hineindenkt, zum Ruckzucksymbolismus verkommt, wenn sie dem Märchen lediglich abstrakte Bedeutungen zuordnet. Wir zitieren die schönsten Passagen aus der Rede Ping Peng Pongs:

> Seit unserem letzten Kongreß ist es der chinesischen Volks- und Märchenforschung gelungen, weitere Beweise für den revolutionär-progressiven Charakter auch der nicht-chinesischen Volksbewegungen vergangener Jahrhunderte zu entdecken. Immer schwieriger wird es für die Lakaien des blutrünstigen Monopolkapitalismus, die jahrhundertelange Verleumdung des Volkes aufrechtzuerhalten und die Überlieferung seines heldenhaften Kampfes zu verfälschen. In unserem Kampf an der Front der weltweiten Kulturrevolution hat sich die Märchen-Deutung als ein wichtiger Teilabschnitt herausgestellt, an dem entscheidende Einbrüche in die feindlichen Stellungen gelungen sind. ...
>
> Das Märchen vom Rotkäppchen übt seit rund anderthalb Jahrhunderten seine Faszination namentlich auf die Kinder des Volkes aus, die noch nicht durch den moralischen Verfall der kapitalistischen Geldgier beeinflußt worden sind. Ohne sich dessen exakt bewußt zu sein, spüren diese Heranwachsenden: ja, so sollte es sein, so muß der Kampf des Volkes sich eines Tages entscheiden, ja, so hätte er schon längst entschieden werden sollen. Was diese Kinder des Volkes unbewußt anzieht, muß aber bewußt gemacht werden, damit sie als Erwachsene wirklich jenen Kampf aufnehmen und siegreich beenden können, vom dem das Märchen ihnen in allegorischer Sprache spricht. ...
>
> Das Rotkäppchen ist eine junge Kämpferin für die Befreiung des Volkes, die sich mit der roten Farbe der Revolution geschmückt hat. Sie ist noch unerfahren und schwach, hat noch nicht die Notwendigkeit der Volksbewaffnung erkannt und glaubt – idealistisch – an die Möglichkeit, die Feinde des Volkes (den Wolf) durch

Freundlichkeiten wie gute Worte und Argumente besiegen oder gewinnen zu können. Der Wolf symbolisiert auf höchst eindrucksvolle Weise die Feinde des Volkes, die ihm hinterlistig auflauern und nach dem Leben trachten. Bei einer so arglosen jungen Kämpferin wie Rotkäppchen gelingen ihm natürlich schon die plumpesten Täuschungsmanöver: freundlich-verstellte Sprache, scheinbares Interesse für das Wohlergehen des Volkes (hundert Blumen für die Großmutter), Benutzung der Ästhetik zum Zwekke der Ablenkung von politisch-ökonomischen Zielen der Feinde des Volkes. ...

Die Großmutter kann den Enkelkindern von den vergangenen Kämpfen des Volkes, von Verrat und Treulosigkeit der Fürsten und Feinde des Volkes erzählen, und diese Erzählungen haben eine wichtige agitatorisch-aufklärende Funktion. Aus diesem Grunde mußte der Wolf mit allen ihm erreichbaren Mitteln eine vorbeugende Aufklärung der jungen roten Kämpferin durch die geschichtserfahrene Großmutter verhindern. Was dem Kinde ja vor allem noch fehlt, um ein wirklich erfolgreicher Kämpfer für die Volksbefreiung zu werden, ist allein die Erfahrung. Bei seiner nächsten Begegnung mit dem Wolf nach Belehrung durch die erfahrene Großmutter hätte es zweifellos den Feind des Volkes sofort erkannt und entlarvt. Es wäre dann nicht sein Opfer geworden, sondern hätte sich mit anderen jungen Kämpfern vereint, um ihn in einem langandauernden Krieg schließlich zu besiegen ...

Nennen wir den Wolf ein Symbol für den geldgierigen, blutrünstigen Imperialismus, dann sind die Steine die von den Völkern gelieferten Produkte, an denen sich der Imperialismus in seinem Heißhunger zu Tode frißt. Ein Freudentanz der befreiten Völker wird seinem Ende mit Gewißheit folgen. Das Märchen dient der Steigerung des Kampfgeistes der Volksbefreiungsbewegung, indem es diesen Sieg antizipiert.

Die Tradition der politischen Rotkäppchenvariationen ist erstaunlich alt. Bereits im Jahre 1831 verglich Heinrich *Heine* in seiner großartigen Schrift ‚Einleitung zu: Kahldorf über den Adel' das zaristische Rußland mit einem Wolf, der in großmütterlicher Verkleidung über die deutschen Rotköpfchen herzufallen droht. Im Jahre 1917 verglich Wladimir *Majakowski* in einem Gedicht das revolutionäre Rußland mit einem Wolf, der rote Barettchen frißt. Und im Jahre 1933 verglich Karl *Kraus* die deutsche Sozialdemokratie mit einem Mädchen, das ahnungslos Blumen im Wald sucht und von Glück sagen kann, wenn es von einem Jäger vor dem faschistischen Wolf gerettet wird.

Im Jahre 1911 veröffentlichte Rudolf *Franz* in München ein tränentreibendes Buch, eine Sammlung von Märchentravestien mit dem Titel: ‚Die schönsten Märchen für die nationale Kinderwelt, bearbeitet im Sinne des Reichsverbandes gegen die Sozialdemokratie'. In Wirklichkeit sind es Satiren zur Verteidigung der Sozialdemokratie, die am Beispiel Rotkäppchens und anderer Geschichten genüßlich ausmalen, welche Greuelmärchen die politischen Gegner verbreiten:

> Es war einmal eine kleine Dirne, die von ihren sozialdemokratischen Eltern so hetzerisch erzogen wurde, daß sie ihre Gesinnung sogar im Namen und in ihrer Kleidung zur Schau tragen mußte, denn sie mußte ein Käppchen von rotem Samt aufsetzen (die Herren Arbeiter kleiden ja sich und ihre Brut überhaupt heimlich immer in Samt und Seide) und wurde Rotkäppchen genannt. Eines Tages sprach die Mutter dieses früh verdorbenen Kindes zu ihm: „Komm', Rotkäppchen, da hast du ein Stück Kuchen und eine Flasche Wein, bring das der Großmutter hinaus." Hier sehen wir so recht, was für dreiste Lügen die Sozialdemokratie in die Welt setzt, wenn sie von der Verelendung der Massen redet. Mit Kuchen und Wein wird in Wirklichkeit nur so um sich geworfen!

Dann wird erzählt, wie Rotkäppchen im Wald auf einen Polizeiwolf trifft, der den Kuchen auffrißt und dem Mädchen bis zur Großmutter folgt, wo schon der Förster wartet.

> Welcher Art die unlauteren Absichten des Försters waren, ist nicht mit Sicherheit festzustellen gewesen, aber man darf das Schlimmste annehmen, da dieser Mensch im sozialdemokratischen Försterverband, den es damals noch gab, eine große Rolle spielte. Zweifellos sah er durch den braven Polizeiwolf sein verbrecherisches Treiben entdeckt und ermordete das edle Tier auf wahrhaft bestialische Weise, indem er ihm den Leib aufschnitt. Das sind dieselben Sozialdemokraten, die sich über die „Roheit" der Hofjagden zu entrüsten pflegen!

Der Förster wird, wie die Satire weiter berichtet, wegen bewaffneten Aufruhrs, Landfriedensbruchs und Ermordung eines Beamten angeklagt und redet sich darauf heraus, daß der Wolf die Großmutter und Rotkäppchen verschlungen habe und deshalb von ihm getötet worden sei – eine mit Ordnungsstrafen geahndete Lüge, die bei den Geschworenen schallendes Gelächter auslöst und einen von ihnen wegen Kinnbakkenlähmung außer Gefecht setzt. Auch die Gutachter helfen dem Förster nicht.

> Zum Überfluß wurden noch als Sachverständige vier Universitätsprofessoren, Chirurgen von Weltruf, über die Frage vernommen, ob es für einen Wolf möglich sei, zwei Menschen so zu verschlingen, daß man sie ihm lebendig wieder aus dem Bauch schneiden könne. Die Herren verneinten einstimmig diese Möglichkeit und wiesen in einem längeren Gutachten nach, daß auch ähnliche Fälle nirgends glaubhaft berichtet würden, bis auf den des Prof. Jonas von der Universität Askalon, der ja, wie die gesetzlich geschützte Heilige Schrift unwiderleglich zei-

ge, von einem Walfisch verschluckt und lebend wieder herausgegeben worden sei. Aber man müsse beachten, a) daß ein Walfisch kein Wolf, b) daß er bedeutend größer als ein solcher sei, c) daß er keine Zähne habe, d) daß Prof. Jonas vermutlich von kleiner Statur war und e) daß die allgemeinen Verhältnisse sich inzwischen überhaupt geändert hätten.

Der gerissene rote Förster versuchte noch einen letzten Kniff, indem er die Ladung zweier Hofprediger und einiger Theologieprofessoren beantragte, die bezeugen sollten, daß sich auch heute noch Wunder ereignen könnten, wie geschrieben stehe. Der Staatsanwalt widersprach der Ladung dieser Zeugen, indem er die Behauptung des Angeklagten als wahr unterstellte, wodurch aber nichts für seine Unschuld bewiesen werde. Das Gericht beschloß gleichwohl die Ladung, um auch in diesem Falle sogar jeden Schein von sogenannter „Klassenjustiz" zu vermeiden. Das Gutachten der theologischen Sachverständigen war für den Angeklagten vernichtend. Sie wiesen in mehrstündigen Ausführungen nach, daß sich ein Wunder niemals in der Art zutragen könne, daß ein ausübendes Organ der Staatsgewalt ihm zum Opfer falle und ein Feind von Thron und Altar triumphiere.

Die Märchensatire endet martialisch: der Förster wird zum Tode verurteilt, die Großmutter ins Zuchthaus gesteckt, Rotkäppchen der Fürsorgeerziehung überstellt, der Wolf mit einem Denkmal geehrt, und die Behörden führen für den verstärkten Kampf gegen die sozialdemokratischen Umtriebe zweitausend bengalische Polizeitiger ein.

Eine weithin bekannte Politvariante ist die im Anhang abgedruckte Geschichte, die von Rotkäppchens Schicksal im Nationalsozialismus berichtet. Zum geflügelten Wort wurde daraus die Frage: „Wie kann eine arische Großmutter so rassefremd schnarchen?" – die Absurdität der Frage deutete die Absurdität der ganzen Rassentheorie an. Das Manuskript der Variation wurde handschriftlich und ohne Autorenangabe in Umlauf gebracht, bis es in die Hände von Ulrich Link fiel, der zusammen mit Wugg Retzer und Eugen Roth und anderen im Jahre 1937 eine Faschingsnummer der ‚Münchner Neuesten Nachrichten' zusammenstellte. Obwohl die Redakteure einige Pointen strichen oder verharmlosten, reagierten Parteileitung, Propagandaministerium und Gestapo mit geharnischten Maßnahmen, als sie die entschärfte Version in der Zeitung zu Gesicht bekamen. Wie Fritz *Redlich* in einem Aufsatz und Ulrich *Link* in einem Brief an mich mitteilten, wurde der weitere Druck der Faschingsausgabe verboten, eine Liste aller Artikelverfasser mußte dem Propagandaministerium übergeben werden, und Ulrich Link wurde zur Gestapo zitiert. Bei der ersten Vernehmung behauptete er, der Autor zu sein, weil er den Text in seinem Elternhaus kennengelernt hatte und seine engsten Verwandten schützen wollte. Im Laufe der zweiten Vernehmung ließ sich diese Version über die Rotkäppchenversion nicht mehr aufrechterhalten, da sich herausstellte, daß die Gestapo die Variation schon vor dem Druck gekannt hatte. Link schlug nun vor, selbst die Stationen herauszufinden, über die der Text zu ihm gelangt war. Die Gestapo war damit einverstanden, und Link berichtete ohne Nennung von Namen, daß die Variante aus Hannover oder Umgebung über Marburg und Essen nach München gekommen war. Ein Exemplar der Faschingszeitung wurde in den Akten der NSDAP aufbewahrt und befindet sich heute im Staatsarchiv München; Ulrich Link übersandte mir eine komplette Fotokopie.

Da Ulrich Link im Jahre 1985 gestorben ist und da seit dem Erscheinen der 1. Auflage meines Rotkäppchenbuches jeder erdenkliche Kokelores über die Rotkäppchen-NS-Satire zusammengeschrieben und zusammengeschwätzt worden ist, muß ich an dieser Stelle einige Dinge nachtragen und klarstellen. Zunächst einmal möchte ich schwarz auf weiß und kursiv festhalten, daß der schon erwähnte Fritz Redlich bereits vor Jahrzehnten mit Ulrich Link korrespondiert und als Ergebnis dieser Recherchen unzweideutig festgehalten hat, daß Ulrich Link diese Satire *nicht* geschrieben hat (nachlesen kann dies jeder im Jahrgang 1963 der Zeitschrift ‚Publizistik'). Gleiches bestätigte mir Ulrich Link in seinem handschriftlichen Brief von 1980: „Verfasser bin ich nicht" (ich bin bereit, Fotokopien dieses Briefes an ausgewiesene, unparteiische und kompetente Forscher zu übersenden). Umso erstaunlicher ist, daß eine ganze Reihe von Pseudoforschern und Journalskriblern, von denen immer einer vom anderen abklierte, behauptet hat, Ulrich Link sei der Verfasser. Es läßt sich auch zurückverfolgen, wer zuerst diesen Humbug in die Welt gesetzt hat, nämlich ein ignoranter Zeitungsschmierer aus dem Jahre 1952. Am Anfang war die Zeitungsente, und wenn erst einmal eine Anzahl von Pseudoforschern diesen Quatsch nachgequakt hat, entsteht mit der Zeit der Eindruck, es handele sich hier um ein feststehendes Forschungsergebnis.

Außer diesem Zeitungserpel gab es noch andere Wirrköpfe ebenfalls aus den 50er Jahren, die einen anderen Unfug in die Welt setzten, nämlich die Behauptung, daß Wugg Retzer die Satire geschrieben habe, und auch dieser Mumpitz wurde von Pseudoforschern und Journalskriblern jahrzehntelang unüberprüft nachgebetet, wobei immer einer vom anderen abschrieb. Auch hier hatte Fritz Redlich bereits im Jahre 1963 Klarheit geschaffen, indem er recherchierte, daß Wugg Retzer nur an der entschärfenden Redaktion der Ursprungsversion beteiligt war, aber diese *nicht* selbst geschrieben hat, und auch hier hat mir Ulrich Link in seinem Brief von 1980 bestätigt, daß Wugg Retzer nur einer von mehreren Redaktoren, nicht aber der Verfasser war.

Wer hat die Satire nun geschrieben? Dazu teilte mir Ulrich Link in seinem Brief von 1980 mit, mehrere Leute hätten die Verfasserschaft für sich reklamiert, es sei jedoch seines Wissens nie mit Sicherheit geklärt worden, wer der ursprüngliche Autor war. Während eines Telefonats im Jahre 1984 gab mir Ulrich Link noch eine Zusatzinformation. Von all den Leuten, die ihm versichert hätten, sie seien die Verfasser der Satire (wozu die meisten wohl aus Ruhmsucht und Geldgier getrieben wurden), sei ihm nur einer als glaubwürdiger Kandidat erschienen. Am Telefon konnte sich Ulrich Link freilich nicht mehr genau an den Namen erinnern – er habe ‚Fring' oder ‚von der Vring' oder so ähnlich geheißen und habe in der Nähe von Hannover gewohnt. Ich gebe diese Zusatzinformation in der 10. Auflage meines Buches wieder, in der Hoffnung, daß künftige Forscher vielleicht doch noch zweifelsfrei herausfinden können, wer das verdammte Ding letztanfänglich geschrieben hat. Vorläufig wissen wir nur, was wir nicht wissen – wir wissen, daß weder Ulrich Link noch Wugg Retzer die Verfasser sind.

Noch eine weitere Frage harrt der Klärung durch zukünftigen Forscherfleiß: wie lautet der genaue und vollständige Text der Ursprungsversion? Wie Fritz Redlich schon 1963 in aller Deutlichkeit festgestellt hat, ist der 1937 veröffentlichte Faschingstext eine entschärfte, verharmloste, zurechtredigierte Version. Dieser Text von 1937, der damals im Druck den Titel ‚Das Rotkäppchen' trug, wurde in der Nachkriegszeit viele Male nachgedruckt – auch mein Buch bietet seit der 1. Auflage diesen Text von 1937 (mit zwei kleinen Änderungen: den Titel habe ich in ‚Rotkäppchen im Nationalsozialismus' verändert, und im zweiten Absatz habe ich statt ‚säßen' das korrektere ‚saßen' verwendet). Wo aber ist der unredigierte Ursprungstext geblieben? Hierzu sagte mir Ulrich Link in unserem Telefongespräch von 1984, daß er und seine Mitredakteure den ursprünglichen Text im Jahre 1937 einfach weggeworfen hätten. Es liefen jedoch verschiedene Abschriften um, die nicht mit dem gedruckten Text von 1937 übereinstimmten und Elemente der Ursprungsversion bewahrt haben könnten. Eine dieser Versionen, die über Burckhard Garbe an mich gelangte und, nach der Schreibmaschinenschrift zu urteilen, eine jahrzehntelange Überlieferungsgeschichte auf dem Buckel hat, spricht beispielsweise von einem ‚Reichsjägermeister Göring' (und nicht wie die entschärfte 1937er Druckversion von einem anonymen ‚Kreisjägermeister'). Ich habe Ulrich Link 1984 einige Teile dieser Schreibmaschinenversion am Telefon vorgelesen, und er sagte mir, es könnte seiner Erinnerung nach durchaus sein, daß im Ursprungstext der ‚Reichsjägermeister Göring' beim Namen genannt wurde. Die Textsituation erscheint zusätzlich kompliziert, weil in Publikationen von Hans-Jochen *Gamm,* Felix *Karlinger* und Karl Otto *Paetel* Versionen wiedergegeben werden, die ebenfalls in manchen Einzelheiten von dem gedruckten 1937er Text abweichen, was dadurch erklärt sein mag, daß der ursprüngliche Text in diversen Schreibmaschinenabschriften zirkulierte und dabei vermutlich von manchen Abtippern und Verbreitern verändert und aktualisiert worden ist. Ob der Urtext noch aus dem Dunkel der Überlieferungsgeschichte auftauchen wird, wissen wir nicht – wir können es nur hoffen.

In der gedruckten Münchner Version von 1937 antwortet die Großmutter auf die Frage des Mädchens, warum sie so große Ohren habe: „Damit ich das Geflüster der Meckerer besser hören kann!" Martin *Broszat* gibt dazu die zeithistorische Information, daß die Nazis 1934 eine Kampagne gegen Meckerer und Miesmacher eröffneten, um einen erheblichen Teil ihrer Gegner hinter Schloß und Riegel zu bringen. Diese wertvolle Auskunft hilft erklären, warum der negative Ausdruck ‚Meckerer' so hartnäckig in der Umgangssprache haften blieb und noch heute in Familie, Schule, Betrieb und allen Arten von Gruppen dazu dient, Kritiker ohne Diskussion abzuschmettern – eine durch den Faschismus verstärkte Sprachregelung, wie übrigens auch das Stereotyp von der ‚zersetzenden Kritik'. Die Nazis verstanden, wenn es um Satire ging, keinen Spaß, denn sie verstanden ihn nur zu gut: sie spürten in jeder witzigen Aufmüpfigkeit den Ansatz zum Widerstand. Wie Broszat in Erinnerung ruft, wurden 1934 in der bayrischen

Provinz sogar die Maskenzüge verboten, weil dabei – so die offizielle Begründung – Amtspersonen und Behörden verächtlich gemacht werden könnten; im späteren Verlauf des Zweiten Weltkrieges wurden dann Todesurteile wegen regimekritischer Witze verhängt. Der Spielraum für Humor war genau eingegrenzt: scharf und vernichtend, sobald er den politischen Feinden galt, harmlos und gute Laune verbreitend, wenn es sich um die eigenen Verhältnisse handelte. In einer solchen Atmosphäre grenzte eine Rotkäppchenvariation, die davon sprach, daß die Parteigegner im Konzentrationslager saßen, fast schon an Opposition.

In der Sprache der Nachkriegszeit blieb die Anspielung auf Rotkäppchen nach wie vor ein beliebtes Mittel der politischen Rhetorik. Leonid Breschnew sagte laut ‚Spiegel' (48/1976, S. 116) bei einem Besuch in Belgrad, die Feinde seien Märchenerzähler, „wenn sie Jugoslawien als ein armes, hilfloses Rotkäppchen darstellen, das vom blutrünstigen Wolf, der Sowjetunion, zerrissen und verschlungen werden soll". Henri Nannen schrieb im ‚Stern' (23/1980, S. 3), daß „dem Wähler die Naivität Rotkäppchens erspart bleibe", wenn sich der Wolf namens Strauß weiterhin so verhalte, wie man ihn kenne. Franz Josef Strauß nannte Willy Brandt im ‚Bayernkurier' (6.10.1973) ein „Rotkäppchen im deutschen Bildungswald", und die baden-württembergische CDU lancierte im Frühjahr 1972 eine Wahlanzeige, die auszugsweise bei Hans-Wolf Jäger abgedruckt ist und deren Text mir der CDU-Landesverband Baden-Württemberg im Mai 1981 bestätigte. In der Annonce hieß es:

> Rotkäppchen glaubte, die gute Großmutter liegt im Bett. In Wirklichkeit war es der Wolf. Er sprang heraus und fraß Rotkäppchen auf.
>
> Manche Bürger sind gutgläubig wie Rotkäppchen. Sie glauben, sie wählen die alte SPD. In Wirklichkeit aber wählen sie die Jusos.

> Die SPD-Parteitage beweisen: Die Jusos sind die SPD von morgen! Leider ist die SPD heute eine von links unterwanderte Partei.

Man muß die Wähler wirklich für Kinder halten, wenn man glaubt, ihnen mit solchen Schreckensmärchen Angst einjagen zu können.

Als im Jahre 1979 Ulrich *Bornebusch*, ein junger Bauer aus der Nähe der fränkischen Stadt Aurach, einen Wolf mit den Zügen von *Strauß* und davor ein kleines Mädchen an seine Scheune malen ließ (Text: „Warum hast du so ein großes Maul?“), entspann sich eine Justizkomödie, die zu den dramatischsten Bearbeitungen des jahrhundertealten Märchenstoffs gehört. Morddrohungen gingen bei Bornebusch telefonisch ein, die politische Polizei erschien, um ultimativ eine Entfernung des Wandgemäldes zu verlangen. Bornebusch weigerte sich, die Polizei erstattete Anzeige wegen Beleidigung, und das Landratsamt Ansbach schickte am 16.11.1979 eine Beseitigungsanordnung, die als Erfindung abgetan werden könnte, wäre sie nicht in den prallen Aktenordnern nachzulesen, in denen Ulrich Bornebusch zur Freude der Besucher alle Falldokumente gesammelt hat. In dem amtlichen Beitrag zur Förderung der deutschen Satire finden sich diese zentralen Passagen:

> Die Gesamtdarstellung – Dr. h.c. Franz Josef Strauß anstelle des Wolfes mit der angeführten schriftlichen Frage – an einer für jedermann sichtbaren Stelle stellt eine Beleidigung des derzeitigen Bayerischen Staatsoberhauptes gem. § 185 St GB. dar und ist damit nicht durch das Recht auf freie Meinungsäußerung gem. Art. 5 GG – Grundgesetz – gedeckt. Die Darstellung als ‚Bösewicht Wolf‘, die Bezeichnung ‚großes Maul‘ sowie die durch die Darstellung zum Ausdruck gebrachte Meinung, der Bayerische Ministerpräsident Dr. h.c. Strauß täusche die Bevölke-

rung über seine wirklichen, nämlich bösen Absichten, verletzt die Ehre des Bayerischen Ministerpräsidenten und beeinträchtigt die Würde und das Ansehen des Staatsoberhauptes.

Zur Unterbindung dieser Beleidigung mußte daher diese Anordnung getroffen werden. Sie dient auch dem Zweck, die öffentliche Sicherheit aufrechtzuerhalten (Art. 6 LStVG). Zum Bereich der öffentlichen Sicherheit gehört nämlich auch der Schutz der Ehre einzelner Personen, da dies grundsätzlich im öffentlichen Interesse liegt.

... Die Darstellung beleidigt nicht nur den Bayerischen Ministerpräsidenten Dr. h.c. Strauß, sondern ist auch geeignet, auf das Ansehen des Staates schädlich einzuwirken. Dies zu verhindern, ist von öffentlichem Interesse und kann bis zum Eintritt der Bestandskraft der Anordnung nicht hingenommen werden.

An diesem Dokument fallen nicht nur grammatische Schnitzer (‚verletzt‘) und hochoffizielle Manierismen auf (‚bayrisch‘ immer großgeschrieben und mit ‚e‘ in der Mitte). Ins Auge sticht eine rhetorische Taktik, die Unterstellungen als Tatsachen drapiert. Zunächst spricht sie von einer scheinbar objektiven Beleidigung, ohne zu beweisen, daß sich überhaupt jemand beleidigt fühlt. Im gleichen Atemzug wird eine weitere pseudoobjektive Größe eingeführt, das bayrische Staatsoberhaupt, eine Bezeichnung, die man in der bayrischen Verfassung vergebens sucht und die offenbar der bürokratischen Illusion, daß Regierung und Staat eins seien, ihre Existenz verdankt. Danach – wir sind immer noch im selben Satz – wird mit dem unscheinbaren Wörtchen ‚damit‘ der Anschein einer Begründung erzeugt; die Frage, ob das Verfassungsrecht auf freie Meinungsäußerung nicht auch polemische Angriffe erlaubt, wird diskussionslos vorentschieden.

Die Unterstellungstaktik bestimmt auch die übrigen Sätze. Gleich drei Dinge, die Ehre, die Würde und das Ansehen, seien angekratzt, und die öffentliche Sicherheit schließe auch den Schutz der persönlichen Ehre ein, weil eben dieser Schutz im Interesse der öffentlichen Sicherheit liege. Das ist ein Musterbeispiel behördlicher Argumentation, die verschiedene Konjunktionen und Adverbien (‚da', ‚nämlich') aufbietet, um den Eindruck zwingender Folgerichtigkeit zu erwekken, aber nicht verdecken kann, daß hier, wie die Logiker sagen, eine Erschleichung des Beweisgrundes vorliegt. Nicht nur der Ehrendoktor, sondern auch das Ansehen des Staates soll in Mitleidenschaft gezogen sein – eine bedeutungsvolle Behauptung, in der zwei fixe Ideen stecken: die beamtliche Denkgewohnheit, der es schwerfällt, zwischen Regierung und Staat zu unterschieden, und die vor allem südlich des Mains verbreitete Glaubenslehre, das Land Bayern sei ein Staat. Diese Verächtlichmachung der Logik kann wirklich nicht hingenommen werden. Der Ausdruck ‚Staat' konnte zwar in früheren Zeiten auf einzelne Länder bezogen werden, aber sich heute daran festzuklammern, ist provinzlerischer Chauvinismus.

Bleibt nachzutragen, wie die traurige Posse weiterging. Die Gerichte kamen ins Rotieren, im Landtag wurden Anfragen eingebracht, die Presse nahm sich des Falles an, Leserbriefe füllten die Spalten der Lokalzeitungen („Ich bin selbst Bauer und habe noch eine Scheunenwand frei"), die Behörden gerieten in die Defensive, das Verfahren wurde eingestellt. Die Selbstjustiz sprang ein: eines Nachts im Mai 1980 kamen Unbekannte und überpinselten die Wandmalerei mit schwarzer Farbe. „Der Sachschaden wurde auf 1400 Mark beziffert, wobei allerdings der künstlerische Wert nicht berücksichtigt wurde. Als Belohnung für Hinweise auf die Täter hat Ulrich Bornebusch Farbfotos des Originalbildes ausgesetzt" (Fränkische Landeszeitung, 15./16.5.1980). Seitdem ist vorläufig Ruhe im bayrischen Märchenwald eingekehrt, nur von ferne heulen ein paar Wölfe und knirschen mit den Zähnen. Als ich

...warum hast Du
so ein
grosses MAUL?

das letzte Mal dort war, konnte man das Scheunenbild unter der schwarzen Übermalung noch deutlich erkennen.

An dieser Stelle neigte sich mein Text in den bisherigen Auflagen dem Ende zu, und an eben dieser Stelle möchte ich den roten Käppchenfaden neu aufnehmen, um die bestrikkenden Versionen und Kommentare vorzustellen, an denen ich mich in den letzten Jahren gewärmt habe. Seit mein Buch erstmalig im Juni 1981 erschien, sind zahllose weitere Rotkäppchenversionen publiziert und gefunden wurden, und die Sekundärliteratur in den verschiedensten Sprachen ist angeschwollen wie ein Wolfsbauch nach verschlungener Mahlzeit. Das meiste davon ist geschwollenes Geschwätz, aber es gibt doch einige Texte, die zitierenswert sind – und sei's nur wegen ihrer unfreiwilligen Komik. Die wenigsten Variatoren haben begriffen, daß es sich bei den Märchenneuerzählungen nicht um eine bloße Modernisierung, nicht um eine Anpassung an die Torheiten der Jetztzeit, nicht um eine beliebige Bearbeitung eines roh zu behandelnden Rohstoffs geht. Rotkäppchen ist kein Mädchen für alles. Die Parodie sollte auf der Höhe ihres Gegenstands sein und Sprachkunst, Erfindungsreichtum, Treffsicherheit besitzen. Es ist schwer, keine Satire zu schreiben, aber noch schwerer, eine gute zu schreiben.

Die erfrischendsten Rotkäppchenversionen stammen von Kindern. Alle bedeutenden Künstler, Schriftsteller und Philosophen trachten danach, die Frische der ersten Kindheit, in der man die Welt mit runden Staunaugen erlebt, in höherer Gestalt wiederzuerlangen. Jeder eigenständige Kopf ist ein großes Kind, das sich die Fähigkeit bewahrt hat, über die Welt in Verwunderung zu geraten und dem scheinbar Selbstverständlichen neue Rätsel, neue Fragen und neue Ideen zu entlocken, wofür er freilich in Kauf nehmen muß, daß er von stumpfen Philistern belächelt und verachtet wird, die alles schon wissen und eben darum gar nichts wissen, die sich von nichts mehr überraschen lassen und die zur Erklärung der Welt einen erstarrten Vorrat an Phrasen und Schablonen bereithalten. Nur wer wie Rotkäppchen die Bereitschaft aufbringt, in den geheimnisvollen Wald einzudringen und an das Großmutterbett heranzutreten, der wird Wölfe und Jäger kennenlernen und andere aufregende Erlebnisse haben, während diejenigen, die zu Hause bleiben und im Sessel versacken, dazu verurteilt sind, vor dem Fernseher einzuschlafen und mit schwerem Kopf aufzuwachen.

Lustig ist es im grünen Wald, wo des Wolfes Aufenthalt. Alle Kinder wissen davon zu erzählen, denn wer bekommt nicht in frühester Jugend von Rotkäppchens Schicksal zu hören? Sattsam bekannt ist den meisten von uns der Satz: „Wenn du nicht folgsam bist, dann kommt der böse Wolf und frißt dich!" Aber nicht nur als Drohung ist uns Rotkäppchens Geschichte gegenwärtig, sondern auch als Verheißung: es kann geschehen, was will – am Ende kommst du doch wieder aus dem dunklen Bauch heraus. Josephine *Bilz* berichtet von einem zweidreiviertel Jahre alten Jungen aus Südtirol, der mit fröhlicher Unbekümmertheit eine Kurzfassung des Rotkäppchenmärchens zum Besten gab:

> S'isch amal a Madele gwesen, die hat a Großmuater ghabt. Nacher isch a Wolf kemmen, der hat de Großmuater g'schluckt. Nacher isch der Jäger kemmen, der hat de Großmuater wieder außer tan. Nacher hams an Kuchen gessen und a Weindele trunken und ham sie si gfreut.

Nicht immer geht es so unbeschwert zu. In vielen Fällen, die man in der pädagogischen und psychologischen Literatur nachlesen kann, kriegen es die Frischlinge wirklich mit der Angst zu tun, wenn sie vom wölfischen Vielfraß hören. Um das zu verstehen, muß man sich in die Lage der Menschenskinder versetzen. Für ein kleines Wesen, das sich von riesig erscheinenden Erwachsenen und von vielen anderen übermächtigen Dingen umgeben sieht, ist es eine reale Gefahr und eine reale Angst, verschlungen und aufgefressen zu werden, zumal es noch wenig von der Welt kapiert und sich im Ernstfall nicht allein helfen könnte. Ich bin einmal mit einem knapp zweijährigen Mädchen im Raubtierhaus des Frankfurter Zoos gewesen: als eine der Bestien von den Knochen aufblickte und sich knurrend in Bewegung setzte, wich meine Begleiterin hastig einen Schritt zurück und krallte sich an meinem Bein fest. Der Kabarettist Franz Josef Bogner hat bei einem Gastspiel im Mainzer Unterhaus (Herbst 1985) gegen die Geschichte vom Wolf, der angeblich die Großmutter und dann auch noch Rotkäppchen ruckzuckschluck in seinen Magen beförderte, skeptisch eingewendet: „Da fragt doch jedes Kind – wie groß ist so ein Wolf?" Ich hingegen glaube, daß nur ein Erwachsener so eine Frage stellen kann. Nach meinen Erfahrungen halten viele kleine Kinder einen Wolf und andere wilde Tiere tatsächlich für groß genug, um ein Menschlein oder gleich mehrere Menschlein herunterzuwürgen.

Josephine *Bilz* hat die Angst, die von Kleinkindern bei der Konfrontation mit dem Rotkäppchenmärchen empfunden wird, sehr eindringlich am Fall eines zweieinhalbjährigen Mädchens geschildert:

> Eines Tages erhielt es ein Bild als Geschenk beim Einkauf. Rotkäppchen und der Wolf waren darauf zu sehen, und zwar die Szene, wo der Wolf, mit Nachthemd und Nachthaube der Großmutter angetan, das heranstürmende Rotkäppchen erwartet. Die Kleine, die das Märchen nur kannte bis zu der Begegnung von Wolf und Rotkäppchen im Wald, wollte nun wissen, warum der Wolf im Bett liegt. Das bekannte Zwiegespräch zwischen Wolf und Rotkäppchen hörte sich das Kind mit großer Aufmerksamkeit an. Schätzungsweise ein dutzendmal mußte der Dialog zwischen Rotkäppchen und Wolf hergesagt werden. In den folgenden Nächten schlief das Kind unruhig, es erwachte und äußerte Angst vor dem bösen Wolf. Man konnte dem Kind nicht anders und wohl auch nicht besser

> helfen, als daß man das Bild hervorsuchte, den Wolf herausschnitt und verbrannte. Nun war das Kind in den Nächten wieder ruhiger, tagsüber aber fragte es öfters interessiert nach dem Wolf. Immer wurde ihm bedeutet, daß der böse Wolf verbrannt sei und daß es überhaupt keine Wölfe gäbe, nur ganz weit weg in Rußland. Einige Wochen nach diesen Begebenheiten wollte der Vater des Kindes mit der Kleinen einen Ausflug in den nahegelegenen Wald unternehmen. Die besorgte Mutter sagte dem Kind, als es für den Spaziergang gerüstet wurde: „Jetzt gehst du mit Papa in den Wald zu den lieben Häslein!" Das kleine Mädchen zog strahlend ab. Noch auf der Treppe des Hauses traf ein älterer Hausbewohner die beiden Ausflügler. Er fragte im Vorbeigehen die Kleine, wohin sie denn gehen wolle. Zur größten Überraschung antwortete das Kind, und zwar sehr bestimmt und ohne Zögern: „In den Wald zum Ußlandwolf!"

In dieser Geschichte sehen wir fast alle Elemente der kindlichen Märchenerfahrung versammelt. Das Kind (diese verallgemeinernden Formulierungen sind natürlich nur idealtypisch gemeint) ist wißbegierig: es möchte ganz genau hören, was es mit dem Wolf auf sich hat. Das Kind ist beeindruckbar: es hält eine erfundene Erzählung für wirklich, denkt sich in die Lage der Märchenheldin hinein und fürchtet sich zunächst vor dem vermeintlichen Unhold. Das Kind ist nachdenklich: es stellt hartnäckige Fragen und gibt sich nicht mit abwiegelnden Antworten zufrieden. Das Kind ist tapfer: es verarbeitet die Angst, stellt sich der Außenwelt und sucht der Gefahr zu begegnen. Die Geschichte vom Rotkäppchen ist zugleich ein Angstmärchen und ein Angstüberwindungsmärchen. Ein Muster, dem viele Erwachsene im Umgang mit Kindern folgen, findet sich ebenfalls in dieser Anekdote: was Angst erregt, wird ausgesondert, in effigie vernichtet, weggeleugnet und schließlich nach Sibirien verlagert. Der böse Wolf als Inkarnation des schrecklichen Iwan – soweit kommt es noch.

Wenn man einem Kind zuerst erzählt, daß Rotkäppchen vom Wolf gefressen wird, und ihm dann weiszumachen versucht, Wölfe gäbe es überhaupt nicht, wird man wenig Glauben ernten. Instinktiv ahnen die Kleinen, daß der Wolf nicht einfach ein irrealer Bibabutzemann ist, sondern ein existierendes Lebewesen. Ein Mädchen, das mit ihrem Vater losmarschiert, um im Wald den Rußlandwolf zu treffen, wird ihn dort allerdings kaum antreffen, zumindest nicht in unseren Breiten. Von den Millionen Kindern, welche die Geschichte vom Rotkäppchen verschlangen, haben die allerwenigsten einen Wolf in freier Wildbahn gesehen, und von denen, die tatsächlich einen zu Gesicht bekamen, soll ein Teil nie wieder nach Hause zurückgekehrt sein. Gerade weil der Wolf ein lichtscheues und relativ unbekanntes und in manchen Teilen der Erde ausgerottetes Tier ist, eignet er sich so gut zur Projektion aller bösen Eigenschaften. Was wir nicht aus eigener Anschauung kennen, das können wir umso leichter verteufeln.

Erblickt man einmal einen richtigen Wolf, dann ist das Staunen groß. Ernst und Gertrud *Scupin*, die über die Entwicklung ihres Sohnes mehrere Jahre lang Tagebuch führten und darüber zwei Bücher veröffentlichten, berichten über eine Begegnung mit einem Realwolf – natürlich nicht im Wald, sondern im Zoo. Vorausschicken muß ich, daß sie ihrem Bubi als allererstes Märchen die Rotkäppchengeschichte erzählten, der diese Begebenheit mit Angst und Erregung vernahm und gerade bei den gefährlichsten Momenten am liebsten verweilte. Als Moral von der Geschichte wurde dem Jungen in altdeutscher Tradition beigebracht, daß Rotkäppchen selbst schuld an ihrem Schicksal sei, weil sie die mütterliche Weisung, auf dem Weg zu bleiben und keine Blumen zu pflücken, mißachtet habe; aus diesem Kadaverungehorsam ergebe sich das Verschwinden im Schlund des Wolfes als völlig unvermeidliche Folge. Der Gehalt der Märchen reduzierte sich in

Deutschland oft auf die Volksweisheit: wer sich in Gefahr begibt, kommt darin um. Auch wenn sich die Kinder lieber an die konkreten Ereignisse halten und sich bereitwillig vom Schauder packen lassen, sobald Großmutter und Rotkäppchen von den Klauen des Wolfes gepackt werden – am Ende wird ihnen meist eine schale Morallehre über den Kopf gegossen.

Wie reagiert ein Kind, wenn es einen leibhaftigen Wolf vor Augen hat? Lesen wir die unterhaltsame Tagebuchpassage über den fast dreijährigen Bubi:

> Nach längerer Pause statteten wir wieder einmal dem Zoologischen Garten einen Besuch ab, der Knabe erkannte viele Tiere wieder; gaben sie Laute von sich, so fragte er: „Was sagt denn das Tier?" Vor dem Wolfszwinger blieb er besonders lange stehen und phantasierte unausgesetzt davon, daß der Wolf die Großmama aufgefressen habe (Erinnerung an Rotkäppchen), verwundert rief er: „*Der* Wolf hat keinen Bauch!" Das Tier sah tatsächlich recht mager aus, und der Knabe hatte sich wohl einen Wolf, der eine Großmutter im Leibe hat, recht dick vorgestellt. Plötzlich rief er kühn: „Mama, hol ein ßießgewehr, geh!" Als sie lächelnd erwiderte, er sei doch kein Jäger, widersprach er: „Ja, ich bin ein Säger, ich will den Wolf totßießen mit dem ßießgewehr!" Er war ganz zappelnde Erregung und bedrängte die Mutter, sie solle ein Gewehr holen, da heulte der Wolf plötzlich mißtönend auf, und – der kleine heldenhafte ‚Säger' nahm eilends Reißaus.

Ein klapperdürrer Wolf, der in der Gefangenschaft abgemagert ist, braucht nur einmal kurz aufzujaulen, schon schwindet die frühkindliche Identifikation mit der Jägerrolle dahin, und die Angst bricht durch. Noch im Alter von fünf Jahren hielt bei diesem Jungen, wie das elterliche Tagebuch notiert, die Furcht an: „Als wir gelegentlich eines Ausfluges in einen Wald kamen, hielt sich Bubi ständig an unserer Seite: ‚Ich förcht mich, wenn der Wolf kommt; gib mir die Hand; der Wolf denkt, ich bin es Rotkäppchen, und frißt mich auf', sagte er leise und ängstlich".

In den Rotkäppchenberichten, die wir durch Josephine Bilz und durch das Ehepaar Scupin kennengelernt haben, tritt die Mutter als gute und liebevolle Erzieherin auf, die nur das Beste für ihr Kind will. Es soll jedoch nicht verschwiegen werden, daß es auch kindliche Rotkäppchenversionen gibt, in denen die Eltern als böse Buben erscheinen. Der mütterliche Teil meiner Leserschaft wird das sicher nicht gerne hören, denn Mütter neigen zur Idealisierung ihrer eigenen Tätigkeit, obwohl die Realität zuschlechterletzt alle unsere ideologischen Harmonisierungsversuche korrigiert. Die traditionellen Versionen des Rotkäppchenmärchens sind schon insofern unehrlich und unrealistisch, als sie voraussetzen, daß Gewalt erst von außen in die Familie kommt: drinnen waltet die brave Hausfrau, draußen lauert der unzüchtige Wolf. Unschwer ist an dieser Konstruktion eine elternfreundliche Redaktion erkennbar; schließlich werden Märchen in der Mehrzahl von Erwachsenen erfunden und den Sprößlingen aufgetischt. In Wirklichkeit weiß jedes Kind, wie sehr die Familie selbst Gewalt erzeugt, und zwar in einem Maße, das der von außen kommenden Aggressivität mindestens gleichkommt. Man braucht nicht erst in den Wald zu gehen, um böse Wölfe zu treffen – manchmal sitzen sie schon zuhause am Küchentisch.

Wenn ihr euch über diese Formulierung entrüstet, liebe Leserlein, dann möchte ich euch auf der Stelle den todtraurigen Fall der kleinen *Benedetta* vortragen, den ich einer italienischen Zeitung entnommen und ins Deutsche übertragen habe. Diese Geschichte ist nicht die Erfindung eines Revolverjournalisten, sondern einer von vierzig authentischen Fällen, die auf einem Kongreß über Kindesmißhandlung in Castiglioncello präsentiert wurden. „Die achtjährige Benedetta B., aus einer bürgerlichen Familie stammend, weist seelische Störungen auf. Von ihrer jungen, schönen und eleganten Mutter wird sie jeden Tag geschlagen – unter dem Vorwand, sie sei nicht gut in der Schule, mache ihre Aufgaben nicht ordentlich genug und verdiene deshalb eine Lektion. Die Kleine erscheint oft in der Klasse mit blauen Flecken und anderen Spuren von Schlägen; wenn sie erzählt, spricht sie von sich in der dritten Person. Sie sagt: ‚Da ist ein böses Kind, das von seiner Mutter bestraft wird', aber fast immer stirbt die Mutter am Ende ihrer Phantasiegeschichte. Benedetta zeichnet Särge mit Blumenkränzen, und wenn sie das Märchen vom Rotkäppchen erzählt, besteht sie darauf, daß der Wolf identisch ist mit der Mutter, die zum Schluß von dem guten Jäger getötet wird." Im Laufe der psychiatrischen Untersuchung kommt dann heraus, daß die Mutter von ihrem Ehemann betrogen wird und deshalb ihren Ärger an der schutzlosen Tochter ausläßt. Wie ich die Verhältnisse in Italien kenne, wo ich zwei Jahre gelebt habe, ist der böse Vater, der die unheilvolle familiäre Kettenreaktion ausgelöst hat, vermutlich ein konservativer Politiker, der in der Öffentlichkeit bei jeder sich bietenden Gelegenheit versichert, die Familie sei ein Schoß des Friedens und die Keimzelle der Gesellschaft.

Damit die Mütter unter meinen Lesern nicht allzulange böse sind, möchte ich sogleich den konträren Bericht von Georg *Ebers* anfügen. In seiner Autobiographie findet sich ein Abschnitt mit der Überschrift ‚Märchen und Wahrheit', worin er schildert, wie seine Mutter ihm in ihrem Schlafzimmer Märchen erzählte, „und nie und nirgends wurden mir schönere Märchen erzählt als eben dort. Da sind sie mir recht und für immer lebendig geworden; denn die Mutter gab ihnen die Gestalt von Dramen, in denen ich als handelnde Person mitwirken durfte. Am schönsten war es, wenn wir Rotkäppchen spielten. Ich stellte dann das kleine Mädchen dar, das in den Wald geht, sie aber den Wolf. Wenn sich das böse Tier dann mit der Haube der Großmutter unkenntlich gemacht hatte, richtete ich nicht nur die vorgeschriebenen Fragen: ‚Großmutter, was hast du für große Augen?', ‚Großmutter, wie rauh ist dein Fell?' und so weiter an sie, sondern erfand auch neue, um den großen Schlußeffekt hinauszuschieben, und der bestand darin, daß nach der Frage: ‚Großmutter, was hast du für große, scharfe Zähne?' und der Antwort: ‚Damit ich dich gut beißen kann', der Wolf sich auf mich stürzte, um mich zu fressen. Statt der Bisse gab es dann aber nur Küsse, und statt der Zähne brauchte das Untier, das eine zärtliche Mutter war, nur Lippen und Hände, um mich halb neckisch fortzustoßen, bald an sich zu ziehen".

Wir leiten über zur zehnjährigen Liette aus Frankreich, von der uns eine hübsche Rotkäppchenreflexion überliefert ist. Jules *Lemaître* (derselbe Jules Lemaître, der im Werk von Nietzsche, Benjamin und Sartre seine Spuren hinterließ) hat sie aufgezeichnet, im deutschen Sprachraum hat Friedrich Wolfzettel auf sie aufmerksam gemacht und sie mit allerlei Seminardeutsch umrankt. Ich habe mir das Buch von Lemaître per Fernleihe kommen lassen und mit Vergnügen darin gelesen. Die kleine Liette hat eine Ausgabe der Perraultschen Märchen zur Hand und macht sich im Gespräch mit ihrem Paten Lemaître ihre jungklugen Gedanken darüber: „Bist du mit dem Ende vom Rotkäppchen einverstanden? Da ist ein kleines Mädchen, das vom Wolf gefressen wird, aber warum eigentlich? Nur weil sie höflich zu ihm ist und sich dann die Zeit damit vertreibt, Haselnüsse zu pflücken?! Und die Großmutter, die auch vom Wolf gefressen wird, was hat sie denn Schlimmes getan, die Großmutter?" Eine bezaubernde kleine Denkerin, die nicht alles glaubt, was sie schwarz auf weiß gedruckt sieht, und die sich weigert, dem Märchenerzähler eine so ungerechte und unmotivierte Geschichte abzunehmen! Die Gebrüder Grimm haben die aggressive Handlungsweise des Wolfes zu motivieren versucht, indem sie gleich beim ersten Rencontre im Wald behaupten, er sei eben ganz einfach ein böses Tier – im Perraultschen Text, den unsere Liette vor sich hatte, ist das nicht so kraß ausgedrückt, und jeder Leser, der sich die Unbefangenheit der Kindheit bewahrt hat, muß sich darüber wundern, daß dieses Tier völlig unvermittelt über zwei unschuldige Menschen herfällt. Liette spinnt ihre kindliche Logik weiter aus, um die ungerechtfertigte Grausamkeit aus der Welt zu schaffen und um die heidnischen, mythischen Züge des Rotkäppchenmärchens mit einem christlichen Glorienschein zu überstrahlen. Ihr Pate berichtet, wie sie just zu Weihnachten eine neue Version erfindet, in der sie Monsieur Perrault korrigiert und Rotkäppchen in die Arme eines waschechten Königs führt. Das vom Weg abgekommene Märchenmädchen trottet so lange durch die Welt, bis es just an dem Stall ankommt, wo gerade die Jungfrau Maria und die heiligen drei Könige um die Jesuskrippe herumstehen, und einer der Könige findet das Rotkäppchen so nett, daß er es auf der Stelle adoptiert und die ganze Verwandtschaft an seinen Hof nachkommen läßt. Dies ist wohl das glücklichste Happyend, das man in der gesamten Rotkäppchenliteratur antreffen kann, und wir suchen Zuflucht bei den Versen von Wilhelm Busch: „Oh, das war mal eine schöne, / rührende Familienszene!!!"

Ebenfalls mit Weihnachten verknüpft sind die Erinnerungen von Charles *Dickens* an das Rotkäppchen seiner Kindheit. Ein Satz daraus („Rotkäppchen war meine erste Liebe") wurde von diversen Autoren und Verlagen zum Werbeslogan degradiert und etliche Male zitiert, wobei immer einer vom anderen abkupferte und sich keiner die Mühe machte, den Satz in seinem ursprünglichen Zusammenhang nachzulesen. Der Satz stammt aus dem Text ‚A Christmas Tree', den Dickens am 21. Dezember 1850 in der Zeitschrift ‚Household Words' veröffentlichte. Nach längerem Suchen habe ich eine deutsche Übersetzung gefunden, die zwar nicht ganz präzis ist, aber ein zutreffendes Bild von der Stimmung vermittelt, in der Dickens des kleinen Märchenkindes gedenkt. Am Heiligabend bewundert er den Weihnachtsbaum, der mit vielen Geschenken und anderen Dingen behangen ist, mit Büchern, mit Puppen und mit einer Arche Noah. In der Imagination des Kindes treten nun alle diese toten Gegenstände als lebendige Zauberwesen auf:

> Gut zur Weihnachtszeit paßt die rötliche Farbe des Mantels, in dem – während der Baum an sich selbst einen Wald für sich bildet, durch den sie mit ihrem Körbchen hindurchtrippelt – Rotkäppchen an einem Christabend zu mir kommt. Sie erzählt mir von der Grausamkeit und Verräterei des heuchlerischen Wolfs, der ihre Großmutter auffraß, ohne daß das auf seinen Appetit irgendwelchen Eindruck machte, und dann sie fraß, nachdem er sich jenen grimmigen Scherz über seine Zähne geleistet hatte. Sie war meine erste Liebe. Ich fühlte, daß ich in der Ehe mit Rotkäppchen vollkommen glücklich hätte werden können. Jedoch sollte es nicht sein; und es ließ sich nichts weiter tun, als den Wolf in der Arche Noah dort herauszusuchen ..., als ein Ungeheuer, das gebrandmarkt werden mußte.

Die inspirative Kraft, die in dieser Märchenbeschwörung zu spüren ist, läßt sich anhand der Rotkäppchenspuren weiterverfolgen, die in den Werken von Charles Dickens zu finden sind, beispielsweise in den Romanen ‚Unser gemeinsamer Freund' und ‚Bleakhaus'. Auffällig ist dabei das Bedürfnis nach einem glücklichen Ende, ein Bedürfnis, das nicht nur unsere Liette, sondern auch viele Schriftsteller umgetrieben hat. Obwohl Dickens das Rotkäppchenmärchen in der übersetzten Fassung von Perrault kannte, die bekanntlich im Unterschied zu der Grimmschen Version mit dem definitiven Tod des Mädchens endet, schrieb er in einem Brief, daß ihm die Aufschlitzung des wölfischen Bauches und die Rettung der Heldin ganz vertraut und natürlich vorkämen. Ähnlich haben Schriftsteller wie Anatole France und Michel Butor empfunden; Wissenschaftler wie der schon erwähnte Wolfzettel haben in ihrer Zettelwirtschaft die entsprechenden Belege zusammengetragen. Rotkäppchen darf nicht sterben, und wenn es schon gefressen wird, dann kann dies nicht das wahre und endgültige Ende des Märchens sein. Ein rettender Schutzengel oder Schutzmann muß ans Werk, damit wir beruhigt unsere Gutenachtgeschichte zuklappen und selig einschlummern und von Rotkäppchen träumen können.

Aber auch der Wolf darf nicht sterben – dies verlangt der Geschmack unseres tierlieben Jahrhunderts. Marcel *Aymé* hat in einer Erzählung allen Beteiligten gerecht zu werden versucht, den kleinen Mädchen, den großen Wölfen und den besorgten Eltern. Hans Siepe hat als erster auf diese liebreizende Version hingewiesen, und zwar auf eine 1963 in Paris erschienene Edition. Ich habe mich daraufhin in den Bibliotheken umgetan und außer einer 1939 veröffentlichten französischen Ausgabe eine deutsche Übertragung von Monique Lang aus dem Jahre 1964 gefunden. Die Geschichte, die nur teilweise von Rotkappchen handelt, ist zu lang, um ganz abgedruckt zu werden, deshalb begnüge ich mich mit der Wiedergabe einer zentralen Passage, deren Übersetzung ich überarbeitet habe. Zwei kleine Schwestern, Delphine und die blonde Marinette, die sich allein zu Hause langweilen, sehen sich mit einem frierenden Wolf konfrontiert, der draußen vor der Tür steht und Einlaß begehrt.

> Delphine sah dem Wolf prüfend ins Gesicht. „Hören Sie, Wolf, ich habe ja ganz das Rotkäppchen vergessen. Sprechen wir doch ein bißchen vom Rotkäppchen, wie wär's?"
>
> Der Wolf senkte zerknirscht den Kopf. Das hatte er nicht erwartet. Man konnte hören, wie er hinter der Fensterscheibe schniefte.
>
> „Es ist wahr", bekannte er, „ich habe das Rotkäppchen gefressen. Aber ich kann euch versichern, ich habe ganz schöne Gewissensbisse deswegen gehabt. Wenn ich das bloß wieder rückgängig machen könnte ..."
>
> „Jaja, das sagen sie alle hinterher".
>
> Da schlug sich der Wolf an die Brust, dorthin, wo das Herz war, und sagte mit tiefer Stimme:
>
> „Ich gebe euch mein Wort darauf – wenn ich das

wieder rückgängig machen könnte, dann würde ich liebend gern vor Hunger sterben".

„Aber trotzdem haben Sie das Rotkäppchen gefressen", stöhnte die kleine Blonde.

„Ja doch", pflichtete der Wolf ihr bei. „Ich habe es gefressen, das ist wahr. Aber das ist eine Jugendsünde. Und es ist auch schon lange her, nicht wahr? Gnade für alle Sünder ... Und außerdem, wenn ihr wüßtet, was ich alles für Ärger wegen dieser Kleinen gehabt habe! Stellt euch vor, die Leute haben sogar verbreitet, ich hätte zuerst die Großmutter gefressen, und das ist nun absolut nicht wahr..."

In diesem Moment begann der Wolf, hämisch zu kichern, ohne daß er es eigentlich wollte und ohne daß er sich dessen bewußt war.

„Ich bitte euch – warum soll ich eine Großmutter fressen, wenn ich zum Frühstück frisches, junges Mädchenfleisch haben kann? Ich bin doch nicht blöd..."

In Erinnerung an diese leckere Mahlzeit konnte es sich der Wolf nicht verkneifen, mehrmals mit seiner großen Zunge über seine Lippen zu lecken. Dabei entblößte er seine langen, spitzen Zähne, die nicht gerade dazu angetan waren, die beiden Kinder zu beruhigen.

„Wolf, Sie sind ein Lügner", rief Delphine. „Wenn es wirklich stimmte, daß Sie Gewissensbisse haben, dann würden Sie sich nicht so über die Lippen lecken".

Der Wolf war etwas beschämt darüber, daß er sich beim Gedanken an das kleine, dralle, auf der Zunge zergehende Mädchen die Lippen geleckt hatte. Aber er fühlte sich so rechtschaffen und brav, daß er nicht an sich selbst zweifeln mochte.

„Nehmt mir diese schlechte Angewohnheit nicht übel", bat er. „Das liegt bei uns in der Familie und hat weiter nichts zu bedeuten..."

„Das ist Ihr Problem, wenn Sie eine schlechte

Kinderstube gehabt haben“, verkündete Delphine.

„Sagt das nicht“, seufzte der Wolf, „es tut mir wirklich leid“.

„Liegt das auch bei euch in der Familie, kleine Mädchen zu fressen? Schauen Sie, wenn Sie versprechen, daß Sie niemals wieder Kinder fressen, dann ist das genau so, wie wenn Marinette versprechen würde, keinen Nachtisch mehr zu essen“.

Marinette wurde rot, und der Wolf versuchte zu beteuern:

„Aber wenn ich euch schwöre...“

„Kein Wort mehr davon, Sie gehen jetzt besser. Beim Laufen wird Ihnen schon wieder warm“.

Da geriet der Wolf in Zorn, weil man ihm nicht abnehmen wollte, daß er lieb und brav war.

„Das ist doch die Höhe“, schrie er, „die Wahrheit will eben niemand hören. Ihr könnt es einem richtig verleiden, ehrlich und anständig zu sein. Ich bestehe darauf, daß keiner das Recht hat, einen anderen, der guten Willen zeigt, zu entmutigen. Und das könnt ihr mir glauben – wenn ich jemals wieder Kinder fresse, dann seid ihr daran schuld!“

Wie's mit dem Wolf weiterging und ob er tatsächlich noch einmal Kinder gefressen hat, erfährt das Leserlein durch einen Gang in die nächste Bibliothek.

Ich möchte nun im Blitztelegrammstil weitere Variationen vorstellen, die mir im Laufe der letzten elf Jahre bekannt geworden sind (eine Reihe anderer Versionen, Perversionen, Mutationen und Permutationen habe ich im Anmerkungsteil bibliographiert). Danach folgen dann Überblicke über die neugefundene Sekundärliteratur, über die einschlägige Wolfsforschung und über die Bedeutung der Märchen für die Philosophie. Es gibt Rotkäppchenversionen wie Blumen im Wald und Rotkäppcheninterpretationen wie Sand am Meer; es kommt darauf an, die schönsten Blumen zu einem harten Strauß zu vereinigen, den Sand aber dahin zu streuen, wo er hingehört – nicht in die Augen, sondern ins Getriebe.

Nicht beginnen möchte ich mit den Farbvariationen des Käppchens, die ich in der Literatur gefunden habe. Es gibt allein drei Grünkäppchenversionen und zwei Blaukäppchenversionen, dazu Schwarzkäppchen-, Gelbkäppchen-, Weißkäppchen-, Goldkäppchen-, Rougekäppchen-, Rosakäppchen- und Buntkäppchenversionen. Alle diese Versionen sind reichlich farblos. Vernachlässigen möchte ich auch manche Abwandlungen des Namens ‚Rotkäppchen', die mir im Laufe meiner Studien über den Weg gelaufen sind: Rotmützle, Rothelmchen, Rotnäschen, Rotstühlchen, Rotwölfchen, Rotbrödel, Rothäutchen, Rothäuptchen, Rotschlüpferchen, Rotköppchen, Rotzkäppchen, Rockkäppchen, Rotläppchen, Rothäppchen, Rotherzchen, Rotfrätzchen, Rotkasperl, Reitkäppchen, Radkäppchen, Wolfkäppchen, Little Red Robin Hood. Beiseite lassen möchte ich auch Mischversionen wie ‚Rotkäppchen und das schwarze Schaf', ‚Rotkäppchen und Wulfila', ‚Rotkäppchen und die sieben Zwerge', ‚Rotkäppchen und die sieben Froschkönige', ‚Rotkäppchen und der Wolf und die sieben Geißlein', ganz zu schweigen von der Mischmaschversion ‚Der Wolf und das liebe Greislein'.

Stattdessen möchte ich zunächst von den unzähligen Rotkäppchengedichten, die es gibt, rund zwanzig darbieten oder zumindest erwähnen. Achim *Amme* hat einen Rotkäppchenblues gedichtet, der den Reigen eröffnen soll: „Das ist der Rotkäppchenblues, / Hat weder Hand noch Fuß! / Das ist der Rotkäppchenblues – / Total diffus! / Komm, Wölflein, tu's: / Heul den Rotkäppchenblues! / Kein Applaus und jede Menge Buhs / Für den Rotkäppchenblues!"

Berthold *Bell* hat die in der bisherigen Rotkäppchenliteratur noch nicht genügend bedachte Möglichkeit, daß der Wolf die Großmutter wegen deren allzu großer Leibesfülle gar nicht verschlucken kann, in Verse gesetzt: „Vom Wolfe ist seit je verbürgt, / daß er die Oma eini würgt. / Ist diese aber fett und dicklich, / so wird der Wolf mit ihr nicht glücklich, / weil ihm dann nur noch übrig bleibt, / daß er sie wieder außi schbeibt".

Auf Ideen und Texte von Heinz *Erhardt* und Rudolf Otto *Wiemer*, die beide Gedichte mit demselben Titel (‚Der alte Wolf') verfaßt haben, geht die folgende Kombinationsversion zurück: „Der Wolf, verkalkt und schon fast blind, / traf eine junge Dame: / ‚Bist du nicht Rotkäppchen, mein Kind?' / ‚Oh nein, Schneewittchen ist mein Name!' / Sie schnupperte des Wolfs Aroma / und sprach: ‚Darf ich Sie etwas fragen? / Sie fraßen doch die Oma, / wie hab'n Sie das vertragen?' / ‚Das ist nicht wahr, daß ich sie fraß, / ich krümmte ihr kein Härchen! / Die Brüder Grimm, die schrieben das / für kleine Kinderchen zum Spaß – / das sind doch alles Märchen!'"

Rolf *Krenzer*, der allein vier Rotkäppchengedichte begangen hat, soll mit diesen Zeilen Gehör finden: „Hätt der Wolf nicht geschnarcht und zu lange geruht, / dann ging es ihm sicherlich heute noch gut".

Clirr *Buecherknecht* hat ein Rotkäppchengedicht mit dem Titel ‚Die rüstige Großmutter' verbrochen: „Der Wolf sprach ohne Punkt und Komma / zur vierzig Jahre alten Omma: / ‚Mir ist so kalt, komm – zieh dich aus, / gib mir dein Hemd, laß mich ins Haus!' / Die Omma sprach: ‚Das läßt sich hören, / doch könnte uns der Jäger stören / und seine blöde Konkubine, / die kleine, rotbekäppte Trine, / ich will mal schnell telefonieren, / damit sie ja nicht anmarschieren!' / Und wenn sie nicht gestorben sind, / dann ham sie heut das siebte Kind".

Kurt *Bartsch* hat zwei Rotkäppchengedichte auf dem Gewissen. Das erste und frühere ist irreführenderweise ‚Letzte Variation über das alte Thema' betitelt und handelt parodistisch von Rotkäppchen und Wolf Biermann. Das zweite und spätere ist in einem Buch enthalten, das die Widmung ‚Für Rotkäppchen und Christa Wolf' trägt, und entwirft im Balladenhüterton eine recht eigene Version namens ‚Rotkäppchen und Herr Wolf': „Rotkäppchen, dreizehn Jahre alt, / Ein Mädchen wie fast jedes, / War unterwegs im Märchenwald, / Im Minikleid, per pedes". Herr Bartsch, der sich die dichterische Freiheit herausnimmt, das Alter des Mädchens recht hoch anzusetzen, läßt es vom Weg abkommen und dann erst auf den Wolf treffen, der es später ins Bett lockt. Der Jäger bleibt außen vor und wird nicht rangelassen, und Rotkäppchens leiblicher Vater macht strenge Miene zum unguten Spiel.

Wir kommen zu den etwas ernsteren Rotkäppchenpoemen und Gedichtteilen. Mascha *Kaléko* hat im Heinejahr 1956 die skeptisch-melancholischen Verse ‚Deutschland, ein Kindermärchen' geschrieben, denen die folgenden Zeilen entnommen sind:

> Ich sang einst im preußischen Dichterwald,
> Abteilung für Großstadtlerchen.
> Es war einmal. – Ja, so beginnt
> Wohl manches Kindermärchen.
>
> „... Da kam der böse Wolf und fraß
> Rotkäppchen." – Weil sie nicht arisch.
> Es heißt: die Wölfe im deutschen Wald
> Sind neuerdings streng vegetarisch.
>
> Jeder Sturmbannführer ein Pazifist,
> So lautet das liebliche Märchen,
> Und wieder leben Jud und Christ
> Wie Turteltaubenpärchen.

Günter *Grass* hat in seinem Buch ‚Die Rättin' die Märchengestalten im wahrsten Sinne des Wortes lebendig gemacht – sie ergreifen die Macht und retten die Welt, bringen aber vorher alles hübsch durcheinander. Rotkäppchen ist natürlich auch dabei, mit einer Baskenmütze und mit dem altbösen Wolf, der freilich nur zur Staffage gehört und einen Reißverschluß am

Bauch trägt, damit man sich, wenn Not am Mann ist, dort verkriechen kann. Bei einer dieser Gelegenheiten liest die Großmutter dem vollgefressenen Wolf, dessen Reißverschlußbauch etwas spannt, aus dem Grimmschen Wörterbuch schöne alte Wörter vor. Zum Teil ist das in Versform geschildert, aber da der bedeutende Romancier Grass nur ein vergleichsweise unbedeutender Lyriker ist, wollen wir diese wölfischen Rotkäppchenverse barmherzigerweise nur erwähnen, nicht aber zitieren.

Ebenfalls nur erwähnenswert sind die Rotkäppchenverse von Jean *Cocteau*, die Ludwig *Harig* ins Deutsche übertragen hat, die Rotkäppchenverse von Eduard *Mörike*, die er im März 1826 in holperiger Fortführung der Tieckschen Rotkäppchenversion zu Papier brachte, die Rotkäppchenverse von Jewgeni *Jewtuschenko* aus einem politischen Zeitgedicht und die Rotkäppchenreimereien von Roald *Dahl*. Weitere Rotkäppchengedichte stammen von Dieter Paul *Meier-Lenz*, von Julia *Reichert*, von Jutta *Sauer*, von Roswitha *Schneider*, von Sonja *Schüler*, von Jo *Schulz*, von André *Weckmann*, von Walle *Sayer*, von Stefan *Stein*, von Martin *Mosebach* und von Heinz *Ritter*. Eine Fülle weiterer Rotkäppchengedichte kann man in den Aufsätzen und Anthologien von Wolfgang *Mieder* und in anderen Publikationen nachlesen, und ständig erscheinen neue Rotkäppchenverse und Rotkäppchenversionen. Als Joachim *Schwedhelm* im Jahre 1982 ein Gedicht mit dem Titel ‚Rotkäppchen Nr. 1009' veröffentlichte, da lag er genau so bewußt-ironisch daneben wie Kurt *Bartsch*, der im Jahre 1983 die schon genannte ‚Letzte Variation' über das Rotkäppchenthema in Gedichtform publizierte. In Wirklichkeit gibt es, wie Joachim Schwedhelm und Kurt Bartsch selber wissen oder ahnen, auf der ganzen Welt weit über tausend Rotkäppchenversionen, und allein in den Jahren seit Kurt Bartschs ‚Letzter Variation' sind Hunderte von weiteren Variationen geschrieben worden.

Wir schauen uns nun die außerlyrischen Rotkäppchenversionen an, und zwar zunächst jene, welche die Lücken und Schwächen und Seltsamkeiten der Grimmschen Fassung stopfen und ergänzen und nachmotivieren wollen. Da haben wir erneut Joachim *Schwedhelm*, der in einem Minimärchen den Verdacht äußert, daß der Wolf im Großmutterpelz vielleicht nichts anderes ist als ein verkappter Fetischist, da haben wir Henning *Venske* mit seiner Rotbäckchenversion, in der er das Nichterkennen des verkleideten Tieres damit begründet, daß die Kleine schon lange nicht mehr beim Optiker war, und in der er das Wiederzumvorscheinkommen des verschlungenen Mädchens dadurch erklärt, daß das Tier einen Jägermeister zuviel verputzt und alles wieder rausklotzt. Ferner haben wir da Walter *Flemmer*, der in einer Fernsehfassung das Auftauchen des rettenden Jägers, welchselbiger bei den Grimms nur durch reinen Zufall dazukommt, zu motivieren versucht: der Jäger war schon bei der Großmutter, bevor Rotkäppchen dort eintrifft, und geht für die Großmutter Holz holen, weshalb er nach einer Weile gerade noch rechtzeitig zurückkommt, um Rotkäppchen und Oma aus dem Wolfsbauch zu befreien. Jochen *Petersdorf*, der es auf drei Rotkäppchenversionen gebracht hat, malt diese Konstellation weiter aus, indem er in einer seiner Versionen den Jäger kurzerhand an die Stelle des Wolfes plaziert: „Aber wie staunte das brave Rotkäppchen, als es im Bett der Großmutter den schnarchenden und verwitweten Oberförster Sägeschrot antraf. ‚Wir haben uns soeben verlobt!' rief die Großmutter aus der Küche. ‚Morgen ziehe ich ins Forsthaus! Für immer!'".

In unserem Zeitalter, in dem es viele Förster und wenige Wölfe gibt, konnte es natürlich nicht ausbleiben, daß auch ökologische Rotkäppchenversionen entstanden. Der Wolf entpuppt sich als armer Schlucker, als gehetztes, schützenswertes Geschöpf, das von bösen Menschen gnadenlos verfolgt wird. J.L. *García Sánchez* hat in seiner Version mit dem Titel ‚Rotkäppchen und der letzte Wolf' den Jäger zum Schießprügelknaben gemacht. Rotkäppchen wird wie üblich auf den Weg zur Großmutter geschickt, mit der Ermahnung, auf keinen Fall mit dem Wolf zu spielen, weil der Flöhe hat. Unterwegs trifft sie den jagdlustigen und schießwütigen Jäger, der lang und breit von seinen Heldentaten erzählt und mit ihr zum Haus der Großmutter stapft, wo er den Wolf im Bett entdeckt und sofort abknallt. „Plötzlich stand die Großmutter in der Tür, schlug die Hände über dem Kopf zusammen und brüllte: ‚Sie Idiot, was haben Sie da getan? Ich hatte den Wolf nur ins Bett gesteckt, weil ihm so kalt war!' Bald darauf kam die Polizei und nahm den Jäger mit, denn er hatte den letzten Wolf im Wald getötet. Der Jäger behauptete, es sei Notwehr gewesen, aber man glaubte ihm nicht".

Die vorletzten Wölfe, die noch in den Wäldern der Welt herumschleichen, tun gut daran, sich gar nicht erst mit Menschen einzulassen, wie Lutz *Rathenow* in seiner lakonischen Rotkäppchenversion empfiehlt: „Die Mutter wollte ihre Ruhe haben und hoffte auf den Wolf. Und Rotkäppchen irrte wütend im Wald umher. Niemand zu sehen, den sie vielleicht hätte überreden können, ihre Mutter zu fressen. ... Der Wolf lächelte grimmig in seinem Versteck. An Menschenfleisch ging er nicht mehr ran. Die Umweltschadstoffe".

Peter *Wawerzinek* hat allein über sechzig gewitzte Rotkäppchenversionen veröffentlicht, die zur Gattung der Parodieparodien gehören. Am Beispiel des Rotkäppchenstoffs zieht er fast alle namhaften Schriftsteller und Rinnen der ehemaligen DDR durchs Kakaopulver. Sehr hübsch nimmt er das längst zur Phrase verkommene Geblök der trivialfeministischen Modeautorinnen auf den Besen: „ich sage dem wolf gleich auf die nachthaube zu, daß er keine chance hat, weil ich alle mädchen im märchenwald zusammenrufe und wir dann gemeinsam ihm die wolfshöhle heißmachen, bis er endlich ein einsehen hat und wie die hasen, die meerschweinchen und das nilpferd keinen rotkäppchen mehr nachstellt, sondern salat frißt und maiskörner und sonnenblumenkerne, und daß ich keine dämliche rote zielmütze tragen will, sondern jeans, weste und krawatte, damit der bösewicht erst gar nicht auf dumme gedanken kommt; und großmutter muß einen gestreiften anzug tragen, zigarren qualmen, whisky trinken und auf 'ner supermaschine durch den wald preschen; ja, und dem jäger sag ich gleich von vornherein, daß wir ihn nicht brauchen und uns um uns selber kümmern, weil, ob jäger oder wolf, alle gleich sind".

Rotkäppchenversionen und Rotkäppchenspuren finden sich des weiteren bei Alphonse *Daudet* (eine verquaste Jugendarbeit, die mit gutem Grund noch nicht ins Deutsche übersetzt worden ist – im deutschen Sprachraum hat Friedrich Wolfzettel zuerst auf sie aufmerksam gemacht und sie mit einer hochgestochenen Interpretation befrachtet), bei Leo *Tolstoi* (eine Italienischlehrerin erzählte ihm das Rotkäppchenmärchen in ihrer Muttersprache und berichtete: „Nie war ein Kind so begeistert über ein Märchen"), bei dem Nobelpreisträger Henrik *Pontoppidan*, bei Walter *Scott*, bei William *Thackeray*, bei Italo *Calvino*, bei Martin *Walser*, bei Wolfdietrich *Schnurre*, bei Pierrette *Fleutiaux*, bei Agatha *Christie*, bei Lisbet *Hüde*, bei Märta *Tikkanen*, bei Ursula *Eggli* (mehrfach), bei Margaret *Kassajep* (ebenfalls mehrfach), bei Djuna *Barnes* („Kinder wissen etwas, was sie nicht sagen können. Sie mögen Rotkäppchen und den Wolf im Bett!"), bei Ilona *Staller-Cicciolina*, bei Angelika *Bartram*, bei Efraim *Kishon*, bei Izaak *Mansk*, bei Klaus *Stadtmüller*, bei Günter *Kunert*, bei Jürg *Schubiger*, bei Art *Buchwald*, bei *Roda Roda*, bei Karl *Hoche*, bei Matthias *Beltz* (gleich drei Versionen), bei Mathias *Richling* (ebenfalls gleich drei Versionen), bei Franz von *Pocci*, bei Max von der *Grün*, bei Peter *Rühmkorf* (seine Rotkäppchenversion, zu der ich ihn brieflich und telefonisch im Herbst 1980 animiert hatte, steht seit 1981 in allen Auflagen meines Buches) und last not liest beim guten alten Henry *Miller*. Eine Reihe von weiteren Versionen ist unter dem Stichwort ‚Weitere Variationen' in den früheren Auflagen meines Buches verzeichnet, ich konnte in der 10. Auflage nicht alles wiederholen. Über zwanzig ungedruckte Rotkäppchenversionen lagern in meinem persönlichen Märchenarchiv. Eine Vielzahl von Bearbeitungen findet man auch in den Aufsätzen und Anthologien von Wolfgang *Mieder* und Jack *Zipes.* In Zeitschriften, Enzyklopädien und Fachbüchern werden fortlaufend weitere Versionen und Variationen veröffentlicht und bibliographisch nachgewiesen. All dies bildet nur die Spitze der Großmutterbettdecke, auf Sammler und Forscher warten noch viele ungehobene und ungelupfte Rotkäppchenschätze.

Zum Abschluß dieses Versionenüberblicks wollen wir uns noch der Frage zuwenden, was eigentlich aus dem Wolf geworden ist. Über das Ende des Wolfes kursieren die widersprüchlichsten Gerüchte und Berichte, hören wir uns zumindest sieben davon an. Thomas *Instinsky* erzählt, daß der Frauenschlucker nur eine milde Strafe abzubüßen hatte: „Der Wolf wurde zu zweijähriger Mitarbeit bei der Fernsehreihe ‚Ein Platz für Tiere' verurteilt". Andere Zeugen behaupten hingegen, daß zunächst durch den Wolfsbauch ein repräsentativer Querschnitt nach Allensbach-Methode gemacht wurde; sodann verpackte man „den Wolf stoßsicher in einer Neckermann-Versandschachtel und sandte ihn Billy Graham zu, der den Wolf zu einem braven Schoßhündchen bekehrte". Wolfram *Siebeck,* der allein sechs Rotkäppchenversionen zusammengekocht hat, stellt in seiner Geschichte namens ‚Rotkäppchen und der Volvo' das Ende so dar: der böse Volvo gerät in „eine Radarfalle der Polizei, die schneidet ihm die Haare, streut Zucker in seinen Tank und bringt ihn zum TÜV, wo er geschlachtet wird". Klaus *Millau,* der das Rotkäppchenthema dreimal variiert hat, weiß folgendes zu melden: „Der Wolfspelz aber wurde gegerbt und als Fußabtreter zum Bundesverfassungsschutzamt zu Köln gebracht, wo er jederzeit betreten werden kann." Klaus Peter *Schreiner,* der langjährige Texter der ‚Münchener Lach- und Schießgesellschaft', vermeldet demgegenüber, daß der Wolf auf seine alten Tage noch Karriere gemacht hat: das Verschwinden der Großmutter ist niemandem aufgefallen, der Wolf lebt von der weitergezahlten Rente der Alten und wird von Rotkäppchen zum Polizeihund ausgebildet. Das mit Abstand beste Ende von der Wurst erschnappt der Wolf in der Version von Manfred *Limmroth.* Rotkäppchen läuft klabasterklabaster in den Wald hinein, kann aber den bösen Wolf beim besten Willen nicht finden; nur ein fürchterliches Knurren ist mit der Zeit zu vernehmen, und das kommt aus Rotkäppchens hungrigem Bauch. Schließlich gelangt Rotkäppchen manweißnichtwie nach Amerika. „Da hatte Rotkäppchen die Märchen satt. Vor der Tür stand ein gräßlich dicker Cowboy. ‚Wie heißt du?' fragte Rotkäppchen. ‚Woolfie Woolf', antwortete er, ‚und ich verspreche dir eine Hollywoodkarriere'. ‚Das trifft sich gut', meinte Rotkäppchen, ‚und warum hast du so ein entsetzlich großes Maul?' ‚Damit ich achtstöckige Cheeseburger fressen kann'. ‚Dann habe ich nicht soviel Kocherei', dachte Rotkäppchen bei sich und nahm ihn zum Mann".

Siebtens und schließlich wollen wir noch Wolfgang *Altendorf* zu Wort kommen lassen, der zusammen mit einigen Coautoren das Ende des Wolfes nach militärischen Sicherheitsaspekten beurteilt hat. Wolfgang Altendorf und Co. kommen zu dem Ergebnis, daß der Wolf selbst schuld war an seinem bösen Grimmschen Ende, denn durch sein taktisch unkluges Verhalten verschaffte er dem gegnerischen Abfangjäger entscheidende Vorteile: der Wolf hätte Wache ausstellen müssen, anstatt sich sorglos im Bett der Großmutter schlafen zu legen, er hätte vorsorglich die Wackersteine wegschaffen sollen, damit sie nicht in die Hände des Feindes fallen und als Waffe gegen ihn verwendet werden konnten, er hätte voraussehen müssen, daß er mit der Tarnung als Großmutter zwar ein kleines Mädchen, nicht aber einen erfahrenen Jäger täuschen kann, und überhaupt hätte er besser daran getan, vor der Großmutter und vor dem Rotkäppchen zuallererst den Jäger aufzufressen.

Wir müssen uns nun eine Weile von der lustigen Primärliteratur abwenden und uns der tristen Sekundärliteratur zuwenden. Schon bei den psychoanalytischen Rotkäppcheninterpretationen, die zumeist an den Schamhaaren herbeigezogen sind, konnten wir das haarsträubende Mißverhältnis zwischen Text und Textdeutung studieren, und seit den Tagen von Bettelheim, Fromm und Kumpanei sind zig und aberzig weitere aberwitzige Rotkäppcheninterpretationen pupliziert worden. Wer soll eigentlich diesen ganzen Wust lesen, den der wildgewordene Wissenschaftsbetrieb Jahr für Jahr unten herausläßt? In keinem mir bekannten Denkbereich gibt es so viele Scharlatane wie in der Märchenforschung. Schon Anatole *France* hatte vor Jahrzehnten den warnenden Seufzer ausgestoßen: „Sie sagten soeben, daß sich die Gelehrten mit unseren Märchen befassen. ...ich habe eine schreckliche Angst, daß sie uns die Freude daran verderben. Das Rotkäppchen aus dem Kinderzimmer in ein wissenschaftliches Institut verschleppen – man stelle sich das vor!" Doch wollen wir uns von verbildeten, streitlustigen, diskussionswütigen und interpretationsgierigen Gelehrten, die ihre Denkschablonen auf jedes Objekt projizieren und sie dann in jedem Objekt wiedererkennen, nicht gänzlich die Freude an den Märchen verderben lassen. Immerhin bietet sich der Literatur, die von der Wissenschaft zum Untersuchungsgegenstand herabgewürdigt wird, auch die Möglichkeit zum Gegenschlag: die Wissenschaft wird zum Gegenstand der Satire. Hans *Traxler* hat am Beispiel Hänsels und Gretels die bescheidwissenschaftliche Märchenforschung auf die Schippe genommen und in den Ofen geschaufelt, und Günter de *Bruyn* hat am Beispiel Rotkäppchens die vulgärmarxistischen Schwätzerinterpreten, wie sie nicht nur in der ehemaligen DDR, sondern auch in manchen anderen Ländern ihr unwesentliches Wesen trieben, nach Strich und Fadenheftung karikiert. Und so wollen wir uns denn ein wenig an den denkschematischen und fehlerübersäten Wissenschaftspublikationen erheitern, die über Rotkäppchen zusammengeschrieben worden sind. Die beiden besten Bibliographien der Sekundärliteratur zum Rotkäppchenmärchen finden sich bei Alan *Dundes* (in seinem ‚Casebook' über Rotkäppchen werden über 54 Titel aufgezählt) und in dem Vorwort von Wolfgang *Mieder* zur Neuausgabe der Rotkäppchendissertation von Marianne Rumpf (wo Mieder 28 Titel aufführt). Ich möchte diese Titelei durch über 80 Titel ergänzen (im Anmerkungsteil zu finden) und so die Gesamtzahl auf über 160 schrauben. Außerdem möchte ich einige der typischen Faktenirrtümer und Denkschablonen korrigieren, die in der Rotkäppchenforschung seit den Tagen von Anatole France hartnäckig herumwieseln. Namen von Irrtumsverbreitern lasse ich dabei weg, denn Wissenschaftler, die man bei Tatsachenverdrehungen ertappt, neigen ebenso wie Politiker dazu, sich hinter verlogenen Dementis zu verstecken. Man muß die Wahrheit beim Namen nennen, nicht aber die Namen der Wahrheitsfälscher.

In der Geschichte der Rotkäppchenforschung ist nur eine einzige Konstante feststellbar, und die muß man auf folgenden Nenner bringen: „Jeder Unfug, der überhaupt behauptet werden kann, wird eines Tages tatsächlich behauptet". Nicht einmal die einfachsten Fakten des Rotkäppchenmärchens bleiben vor dem Verwirrungsdrang und vor der Oberflächlichkeit unserer lieben kleinen Forscherlein geschützt, die vor der Öffentlichkeit gern als bienenfleißige Seriöslinge posieren, aber in Wirklichkeit vielfach nur scharlataneske Faulpelztiere sind. In der Forschungsliteratur fand ich drei falsche oder halbwahre Behauptungen darüber, wer den Grimm Brothers das Rotkäppchenmärchen erzählt hat. Die ersten behaupten, es sei Marie Hassenpflug gewesen (was nur die halbe Wahrheit ist), die zweiten behaupten, daß die Hauptversion von Jeannette Hassenpflug und die Nebenversion von der sogenannten ‚Alten Marie' erzählt worden sei (was nur die andere Hälfte der Wahrheit enthält), die dritten behaupten, es sei die ‚Alte Marie' allein gewesen (was gänzlich falsch ist). Und da die Tatsachenverdreher nicht müde werden, ihre Tatsachenverdrehungen zu wiederholen, wollen wir ebenso unermüdlich die volle Wahrheit wiederholen: die Hauptversion wurde den Grimms von *Jeannette Hassenpflug* erzählt und die angehängte Nebenversion von *Marie Hassenpflug*. So steht es in dem Handexemplar der Gebrüder Grimm notiert, und so kann man es bei verläßlichen Autoren wie Heinz Rölleke und Walter Scherf nachlesen.

Auch über den Zeitpunkt, an dem die Hassenpflugs den Geschwistern Grimm ihre Versionen erzählt haben, kann man ungenaue und irreführende Angaben in der Forschungsliteratur finden. So gibt es Schlamperforscher, die behaupten, irgendwann zwischen 1811 und 1812 seien diese Versionen den Grimmbrüdern erzählt worden. In Wirklichkeit wurden beide Versionen, die von Jeannette Hassenpflug ebenso wie die von Marie Hassenpflug, exakt im *Herbst 1812* den Brüdergrimms erzählt, und auch dies kann jeder Wissenschaftler, der des Lesens mächtig ist (was man bei manchen nicht ohne weiteres voraussetzen kann), im Handexemplar der Grimms und bei zuverlässigen Autoren wie Heinz Rölleke und Walter Scherf nachschlagen.

Verwirrung und Uneinigkeit herrschen bei den Gelehrten in vielen anderen Fragen. So gibt es mindestens drei verschiedene Lehrmeinungen über die geographische Herkunft der vorgrimmschen und vorperraultschen Rotkäppchenvolksversionen. Die ersten behaupten, das Ganze sei zuerst in Frankreich aufgekommen, die zweiten behaupten, die Wurzeln der Rotkäppchengeschichte reichten bis nach Italien und Griechenland (und das Untier sei ursprünglich ein zoomorphes Ungeheuer gewesen, aus dem erst in der späteren Überlieferungsgeschichte ein Wolf geworden sei), die dritten behaupten, in Indien habe alles angefangen. Wieder andere verweisen auf zahllose Parallelerzählungen in China und auf der ganzen Welt – wenn man sich einmal auf Parallelen einläßt, gerät man schnell ins Unendliche. Die einzig ehrliche und wahrheitsgemäße These in diesem ganzen Meinungswirrwarr ist die folgende: wir wissen nicht genau, *wo* die Volksversionen zuerst entstanden sind, und können darüber nur unsichere, vorläufige, jederzeit revidierbare Hypothesen aufstellen. Scharlatane glauben immer alles zu wissen, während nüchterne, selbstkritische Forscher es mit der sokratischen Einsicht in unser Nichtwissen halten.

Auch über die Frage, *wann* die vorgrimmschen und vorperraultschen Rotkäppchenvolksversionen entstanden sind, sind sich unsere forschen Forscher uneins. Da gibt es selbsternannte Experten, die behaupten, die Rotkäppchengeschichte sei im Mittelalter entstanden (für diese häufig nachgebetete These gibt es keinen einzigen klaren Beweis), da gibt es weitere Scheinexperten, die mit Kennermiene behaupten, die Rotkäppchengeschichte sei mindestens fünftausend Jahre alt, und da gibt es weiterhin Kryptoexperten, die allen Ernstes behaupten, es gebe gar keine vorperraultschen Volksversionen, denn Perrault habe die ganze Rotkäppchengeschichte erfunden (was wiederum andere Koryphäen als groben Unfug werten). Manche Forscher berichten auch, es gebe in italienischen Archiven Rotkäppchenvolksversionen, die wohl *vor* Perrault aufgezeichnet worden sind. Auch in dieser Streitfrage ist die einzig ehrliche Antwort die hypothetische: wir können nur vermuten, daß schon vor Perrault Rotkäppchenvolksversionen erfunden worden sind; Sicheres wissen wir nicht. Ich selbst neige zu der Ansicht, daß schon lange vor Perrault und lange vor dem Mittelalter Rotkäppchenvolksversionen erzählt worden sind, doch kann man sich nur in vorsichtiger Hypothesenform darüber äußern (auch die Gedanken von Calvetti, die mir in die richtige Richtung zu weisen scheinen, haben lediglich hypothetischen Status), und manche Texte, die immer wieder in der Literatur angeführt werden (wie etwa die bekannte Stelle aus der ‚Fecunda ratis'), haben mit Rotkäppchen nicht das geringste zu tun.

Uneinig sind sich die Wissenschaftler auch über jene gedruckten Rotkäppchenvolksversionen, die von Marianne Rumpf und Paul Delarue zusammengestellt worden sind. Marianne Rumpf, Paul Delarue, Lutz Röhrich, Gottfried Henßen und andere verläßliche Forscher haben übereinstimmend festgestellt, daß eine ganze Reihe dieser Volksversionen einen tragischen Ausgang aufweist – sprich, Rotkäppchen wird in diesen Versionen vom Wolf verschlungen, ohne später befreit zu werden. Man sollte es nicht für möglich halten, aber es gab tatsächlich Jahrzehnte später Pseudoforscher und Journalskribler, die dem unwissenden Publikum versicherten, es gebe keine einzige Rotkäppchenvolksversion mit tragischem Ausgang, und einige dieser Pseudoforscher hatten sogar noch die Stirn, in ihren Bibliographien die Publikationen von Rumpf, Delarue, Röhrich und Henßen aufzuführen, womit sie unter Beweis stellten, daß sie diese Publikationen gar nicht gelesen haben, sondern ihre Kenntnis nur vortäuschen. Wenn man so den ganzen Unfug liest, den unsere Wissenschaftsbetriebsnudeln und die auf sie hörenden Kulturbetriebsbreitbandnudeln zusammenhudeln, dann kann man sich des Eindrucks nicht erwehren, daß die Zahl der heimlichen Analphabeten noch weit höher ist, als man ohnehin schon befürchten muß.

Nachdem die Pseudoforscher und Kryptoexperten unter dem Druck der Fakten und der Kritiker endlich zugeben mußten, daß sie sich geirrt haben und daß es durchaus Rotkäppchenvolksversionen mit tragischem Ausgang gibt, zogen sie sich auf die folgende Position zurück: nur in wenigen Volksversionen sei der Ausgang tragisch. Und so finden sich denn, damit das Chaos komplett sei, in der Forschungsliteratur die beiden gegensätzlichen Behauptungen: die einen behaupten, die Mehrzahl der Rotkäppchenvolksversionen habe einen tragischen Ausgang, die anderen behaupten, die Mehrzahl der Rotkäppchenvolksversionen habe einen nichttragischen Ausgang. Dann gibt es noch differenzierende und vermittelnde Forscher, die zwischen unabhängigen Volksversionen und literarisch beeinflußen Volksversionen unterscheiden und die darauf hinweisen, daß die bei Rumpf und Delarue gesammelten Volksversionen allesamt erst lange nach Perrault aufgezeichnet worden sind und daß diese Aufzeichnungen eher zufällig und unsystematisch entstanden sind – wir wissen also gar nicht, ob diese aufgezeichneten, gesammelten und zusammengestellten Versionen ein treues, unverfälschtes und umfassendes Bild der realen Volksüberlieferung abgeben. Mit anderen Worten, die Diskussion darüber, ob nun die Mehrheit oder die Minderheit der heute bekannten Volksversionen einen tragischen Ausgang aufweist, hat wenig Sinn. Nur eine Tatsache läßt sich in diesem Meinungsstreit festhalten: es gibt zweifelsfrei Rotkäppchenvolksversionen mit tragischem Ausgang, und jeder Wirrkopf, der die These vertritt, es gebe keine einzige Rotkäppchenvolksversion mit tragischem Ausgang, hat damit nur bewiesen, daß er ein ignoranter Schwadroneur ist, der die Quellen und die verläßliche Sekundärliteratur überhaupt nicht gelesen hat.

Wie kommt es, daß evident falsche Faktenbehauptungen so verlogen verteidigt werden? Das liegt zum einen an der Eitelkeit aufgeblasener Windbeutel, die ihre Faulheit und Schlamperei nicht öffentlich eingestehen wollen, und zum anderen an der Ideologie oder Ideologiekritik (die meisten Formen der Ideologiekritik sind ja selber ideologisch geprägt), der sich viele Wissenschaftler verpflichtet fühlen. Und so nimmt es denn kein Wunder, daß die These, es gebe entweder keine einzige oder nur eine Minderzahl von Rotkäppchenvolksversionen mit tragischem Ausgang, vorzugsweise von weiblichen und feministischen Märchenideologen vertreten wird, weil diese These zum einfältig-zweifältigen Geschichtsbild des Feminismus paßt, das man so umschreiben darf: am Anfang waren die Frauen mutig, frei und intelligent, dann kam der böse Wolf in Gestalt des Patriarchats und unterdrückte sie. Wie jeder andere Ismus modelt, frisiert, verdreht, fälscht und manipuliert auch der Feminismus die Fakten in seinem Sinne und Unsinne. Als repräsentativ und vorbildlich werden von Pseudoforschern, die sich mit trivialfeministischen Phrasen und Tatsachenverdrehungen beim weiblichen Publikum anzubiedern versuchen, jene frühen Versionen hingestellt, in denen Rotkäppchen sich erfolgreich gegen den Wolf wehrt und sich ohne männliche Hilfe selbst befreit, während Perrault und die Grimms als die chauvinistischen Männer gelten, welche die Geschichte später maskulinistisch umgeschrieben haben – eine dümmliche, oberflächliche und einseitige Interpretation, die schon dadurch relativiert wird, daß immerhin gleich zwei Frauen, nämlich Jeannette und Marie Hassenpflug, die Hauptquellen für die Grimmsche Rotkäppchenfassung (Hauptversion und Nebenversion) abgaben.

Ebenso stupide und schablonenhaft wie die feministische Rotkäppcheninterpretation sind alle anderen Deutungen, die von ideologisch geprägten Isten und Anern stammen. Bereits im Jahre 1914 hatte Georg Hüsing über das „viel gedeutete Rotkäppchen" gestöhnt – was seit dem Jahr 1914 noch alles an Rotkäppchen herumgedeutet wurde, geht auf keine dumme Kuhhaut. Setzen wir unseren Gang durch die an Kuriositäten reiche Rotkäppchenliteratur noch ein bißchen fort! Eine junge Jungianerin schrieb eine dicke Arbeit über Rotkäppchen im Dunkel der Jungschen Theorie und kam auf S.233 zu der herausragenden Erkenntnis: „Rotkäppchen erkennt nach der Befreiung, daß es auch Männer mit guten Absichten gibt, denn der Jäger hat ein Gewehr (= phallisches Symbol), benutzt es aber nicht". Darüber mußte ich so lachen, daß ich nicht in der Lage war, diese Arbeit zu Ende zu lesen. Weitere jungianisch angehauchte Rotkäppcheninterpretationen gibt es von Ole Vedfeldt, Hermann Maass und einigen anderen. Der einzige bemerkenswerte Unterschied zwischen den Jungjüngern und den Freudjüngern besteht darin, daß die Jungianer noch eine Spur unbedarfter sind als die Freudianer. Und wie für alle anderen Ismen, Ysen, Logien, Tümer und Onen gilt auch für die eselhaften Ianer der seichten Tiefenpsychologie: von wenigen Ausnahmen abgesehen, ist nur das lesenswert, was die Meister selbst – Freud und Jung – über Rotkäppchen gesagt haben. Das Geschreibsel der Schüler, Epigonen, Anhänger, Anuskriecher, Diplomanden, Doktoranden, Konfirmanden und sonstigen Adeppten hat in den meisten Fällen kein anderes Schicksal verdient, als auf den kilometerlangen Regalen der Universitätsbibliotheken Staub anzusetzen.

Von den sekundärliterarischen Toren und Autoren, die sich an Rotkäppchen vergriffen haben und die wenig mehr als Analogienhascherei, Parallelenjägerei, Symboldeutelei, Theoriephilisterei und Moralpredigerei zustande gebracht haben, wollen wir noch drei zum Lachen reizende Statements erwähnen. Da gibt es Autorentoren, die dem Rotkäppchenmärchen vorwerfen, daß es den Hang zum Alkohol begünstige, weil Rotkäppchen der Großmutter Wein mitbringt. In manchen Bearbeitungen wird deshalb die Flasche Wein durch Mineralwasser oder Honig ersetzt (und auch der sonstige Inhalt von Rotkäppchens Körbchen, der schon immer die lebhafte Neugierde von kindlichen Märchenhörern erregt hat, wird auf mannigfache Weise variiert: statt Kuchen enthält das Körbchen dann Eier oder Gebäck oder Fleisch oder Käse oder Pizza). In Kalifornien wurde sogar vor gar nicht langer Zeit eine Rotkäppchenausgabe von alkoholgegnerischen Pädagogen aus dem Lehrplan verbannt. Es gibt ferner symbolsucherische Deutelbeutel, die in den drei Eichbäumen bei Großmutters Haus ein Sinnbild der alten Druiden und in den Nußhecken ein Sinnbild mystischen Wissens erblicken – dumme Nuß, kann man da nur sagen. Und schlußendlich wollen wir noch der Erheiterung halber den Linguisten Günter Peuser zitieren, der in einer Art Babysprache die strukturellen Basiselemente des Rotkäppchenmärchens herausgearbeitet zu haben glaubt: „Mutter beauftragen Rotkäppchen bringen Großmutter Kuchen Wein Wald Rotkäppchen treffen Wolf erzählen Großmutter gehen Wolf Großmutter fressen ...“. Wenn du glauben, Linguistik sein tiefschürfende Wissenschaft, dann du denken falsch. Auch alle übrigen linguistischen, semiotischen und strukturalistischen Rotkäppchenanalysen (Joanne M. Golden, Carsten Høgh, Gerald Prince, Victor Laruccia, Jacques Geninasca u.a.) verdienen den Namen ‚Analyse' nicht und enthalten weiter nichts als hohles Geschwätz.

Damit wollen wir es gut und schlecht sein lassen mit der akadamischen Rotkäppchenforschung. Und damit das Positive nicht zu kurz kommt, wollen wir noch ausdrücklich bemerken, daß es auch eine kleine Minderheit von klugen, kompetenten und couragierten Gelehrten gibt, die Wesentliches zur Erhellung des Rotkäppchenmärchens und zur Bekämpfung der tatsachenverdrehenden und theoriegrauen Dünkelmänner beigetragen haben. Anhand der Titel, die ich im Anmerkungsteil aufgeführt habe, kann sich jeder durch die Sekundärliteratur und Tertiärliteratur fressen und die Schafspelzwölfe von den Holzböcken sondern. Und da wir es leid sind, uns mit Leuten zu befassen, die von der Sache überhaupt nichts verstehen, wollen wir noch schnell eine Warntafel aufrichten: bei Rotkäppchen hat nur derjenige ein Mitsprache- und Mitdiskussionsrecht, der eingehend und unparteiisch die vorliegende Literatur (die mehrere tausend Seiten umfaßt) studiert hat, und wer zu faul ist, sich mindestens ein halbes Jahr in die Bibliotheken zu setzen, der wird hiermit freundlich und unmißverständlich gebeten, sein ungewaschenes Mündchen zu halten. Wo man nicht mitreden kann, da soll man die Klappe zumachen.

Aufatmend verlassen wir die durchgeackerten Gefilde der Rotkäppchenforschung und tauchen in die lichten Wälder der Wolfsforschung ein. Die bisherigen Märcheninterpreten haben mehrheitlich den Wolf von Rotkäppchen her gesehen, aber man kann ja auch ergänzend das Rotkäppchen vom Wolf her sehen. Die Lupusforschung der letzten Jahrzehnte bietet hierzu ein reiches Material. Ich stütze mich vorwiegend auf die Bücher von Erik *Zimen*, Werner *Freund*, Robert *Delort*, Daniel *Bernard*, Claude-Catherine und Gilles *Ragache* (alle diese Wolfsforscher haben sich auch über Rotkäppchen geäußert) und versuche, ein kurzes Resümee der Wolfsforschung zu geben, soweit es für Rotkäppchen von Interesse ist.

Zuvörderst haben alle Wolfskundler übereinstimmend festgestellt, daß Wölfe eigentlich alles fressen, nur keine jungen Mädchen und schon gar keine alten Großmütter. Es besteht auch nach einhelliger Meinung aller Lykologen (so heißen diese Biester) kein Grund, Angst vor dem Wolf zu haben, während umgekehrt der Wolf nur allzu gute Gründe hat, vor dem Menschen Angst zu haben und ihm auszuweichen. Es steht zu befürchten, daß der Überlebenskünstler Wolf eines Tages gänzlich vernichtet sein wird. Früher hatten wir Angst vor dem Wolf, heute haben wir Angst um den Wolf. Und deswegen muß in unserer Zeit der Grundsatz gelten: rettet die Tiere vor den Ausrottern, seid menschlich zu den übriggebliebenen Wölfen, homo lupo homo!

Wie kam es, daß der Wolf zum furchteinflößenden Bösewicht gestempelt wurde? Naturnahe Jägervölker wie die nordamerikanischen Indianer hatten ein brüderliches Verhältnis zum Wolf, der sie auch gar nicht angriff. Häuptling Büffelkind Langspeer berichtete aus seiner Kindheit: „Wir Kinder hatten Angst vor den Wölfen, aber unsere Väter sagten, wir bräuchten uns nicht zu fürchten, die Wölfe würden uns nichts tun, sie seien nur neugierig ...". Indianische Naturvölker hätten die Geschichte vom Rotkäppchen kaum erfinden und verstehen können. Der Wolf wurde nur in jenen Weltbereichen zum verteufelten Gegner, wo die Menschen mit systematischer Viehzucht begannen und ihre Weidetiere und Haustiere gegen Überfälle der Wölfe, deren Jagdgebiete immer mehr eingeengt wurden und die sich an Schafen und anderem Herdengetier schadlos halten mußten, mit Zähnen und Klauen und Mistgabeln und Fallen und Gewehren verteidigten. Vollends zum Feind wurde der Wolf, als die Tollwut bei ihm grassierte und ihn dazu trieb, gegen seine sonstigen

Gepflogenheiten ausnahmsweise auch Menschen anzufallen. Nach Werner Freund stammt die Vorstellung vom Wolf als böser Bestie aus Perraults Zeitalter, aus dem 17. Jahrhundert, als die Tollwut unter den Wölfen besonders stark wütete.

Hinzu kam, daß man viele Untaten, die von verwilderten Hunden und von anderen Tieren begangen wurden, dem Wolf in die Pfoten schob. Der Wolf wurde zum Sündenbock, zum Juden unter den Tieren. Der Holocaust ereilte den Wolf schon früh in den meisten europäischen Gebieten, und zwar zuerst auf den Inseln. In Großbritannien wurde er bis auf den letzten Welpen ausgerottet, desgleichen in Kreta, Sardinien, Korsika; in Mitteleuropa hielt er sich länger. Restbestände von scheuen und ängstlichen Wolfspopulationen gibt es heute nur noch in wenigen europäischen Ländern, wo sie ein Hundeleben führen und notfalls auch mit Spaghettiresten aus Mülleimern vorlieb nehmen. In Rußland werden sie weiterhin systematisch bejagt: es gibt 100 Rubel Abschußprämie für einen Wolf und sogar 150 Rubel für eine Wölfin (im antiken Athen hatte Solon umgekehrt auf einen erlegten Wolf fünf Drachmen und auf eine erlegte Wölfin nur eine Drachme ausgesetzt). Der einzige bitterböse Feind des Wolfes ist der Mensch, der ihm nicht nur das Fell über die Ohren zog, wo er nur konnte, sondern ihm auch noch das Image des einsamen Frauenschluckers überstülpte, was allein schon unrealistisch ist: Wölfe sind in der Regel nicht einsam und laufen nicht allein durch den Wald, Einzelwölfe haben kaum eine Überlebenschance und sind eine Ausnahmeerscheinung, ohne Rudel läuft wenig bei den Wölfen, Rotkäppchen ist und bleibt ein Märchen.

Das bedeutet nicht, daß man ins andere Extrem verfallen darf und den Wolf als gute Schmusebacke und als lieben Teddywolf mißverstehen sollte. „Die Legenden von einst übertrieben es mit dem bösen Wolf, die Legenden von heute übertreiben es mit den guten Wölfen“ (Umberto *Eco*). Zwar sind Wolfswelpen verspielt und zärtlichkeitsbedürftig wie alle anderen Jungtiere auch, aber ein erwachsener, wilder, hungriger Wolf ist ein Wesen, dem man nicht ohne weiteres über den Weg trauen darf, und mancher Wolfsforscher und Tierfilmgucker wird auch heute noch von Wölfen im Verlauf von Rangauseinandersetzungen und Territorialverteidigungen empfindlich gebissen. Canis Lupus ist weder ein böser Wolf noch ein guter Wolf, er befindet sich ganz einfach jenseits von Gut und Böse und ist unberechenbar wie alle anderen freiheitsliebenden, wildgebliebenen, zähnebewehrten Laufraubtiere. Nicht ohne Grund verwenden Filmregisseure in Streifen, wo Wölfe gezeigt werden sollen, meist ausgestopfte Attrappen oder verkleidete Schäferhunde. Das Rotkäppchenmärchen in den althergebrachten Versionen hat dem Wolf Unrecht getan, doch darf man ihn deswegen noch lange nicht verharmlosen und verniedlichen. Bruder Wolf ist ein alter ego des Menschen, aber auch ein alter Egoist, der beißt und frißt, wie es ihm seine natürlichen Bedürfnisse nahelegen. Die alte Moral der Rotkäppchengeschichte lautete: Wölfe sind gefährliche Mörder und gehören getötet. Der neue Konsens der Rotkäppchenforschung und der Wolfsforschung könnte folgendes gebieten: Wölfe gehören weder dämonisiert noch ausgerottet, man soll sie laufen lassen und ihnen genügend Nischen zum Überleben geben. Für kleine Mädchen sind Wölfe heutigentags keine Gefahr; eher in Acht nehmen sollten sich die Kinder vor Kampfhunden, verwilderten Hunden und Wolfsmischlingen. Jedes Jahr werden bei uns auf offener Straße über zehntausend Kinder durch Hundebisse verletzt, und eine Reihe von Kindern wird dabei sogar getötet – demgegenüber ist das, was seinerzeit mit Rotkäppchen im tiefen Wald passiert sein soll, ein kleiner Fisch. Ein zeitgemäßes und realistisches Märchen könnte heute lauten: Rotkäppchen und die bösen Hunde (wobei man natürlich sofort hinzufügen muß, daß auch die Hunde nicht von Natur aus böse sind, sondern in den meisten Fällen erst durch Züchtung, Dressur, Training und schlechte Haltung scharf und böse und aggressiv gemacht werden).

Zum Schluß wollen wir noch einen Blick auf die Philosophie werfen, die sich seit altersher in die Märchen hineingedacht hat. Schon *Platon* sprach von den Weiblein, die Märchen erzählen, speziell von den Müttern, die ihren Kindern Angst zu machen versuchen, indem sie ihnen Geschichten vorbeten, in denen Götter in allerhand fremden Gestalten umherstreifen. *Aristoteles* stellte fest, daß die wilden Tiere „nicht in die Nähe des Menschen kommen, wenn sie im Wald geborgen sind" – wenn also ein Wolf mitten auf einem Waldweg aufkreuzt und kleine Mädchen aufhält, so ist das völlig unwahrscheinlich. *Plutarch* berichtete, daß griechische Frauen ihre Kinder durch das Erzählen von Märchen zu trösten und aufzuheitern pflegten. Es begab sich auch in jenen Zeiten, daß der Kaiser Augustus, wie *Sueton* notierte, Märchenerzähler kommen ließ, damit er in den Schlaf finden konnte; schon damals schätzte alle Welt die Märchen.

Trockene Rationalisten konnten mit den Märchen natürlich wenig anfangen. *Kant*, der es ohne weiteres für möglich hielt, daß Wölfe kleine Kinder rauben und fressen, nannte die französischen Feenmärchen ‚elende Fratzen', mokierte sich über die gruseligen Hebammenmärchen, mit denen Kinder abends ins Bett gejagt werden, und dekretierte, daß die ohnehin schon lebhafte Einbildungskraft der Kinder gar nicht erst durch Märchen angeregt zu werden braucht. *Lichtenberg* hingegen, der gern in ‚Tausendundeine Nacht' und in anderen Märchen schmökerte, spielte mit der Idee, eine Art Märchen zu erfinden, die auf der Kantschen Philosophie beruht, und verteidigte die Märchen gegen das Vorurteil: „Um den Menschen nützliche Wahrheiten zu predigen, ist alles erlaubt, ... also auch Feenmärchen. Kein Mensch findet es mehr absurd, daß die Tiere in der Fabel sprechen ...".

Seit Hegel ist es nicht mehr notwendig, die Märchen zu verteidigen und zu rehabilitieren – alle großen Philosophen begreifen in der Folgezeit die Märchen als willkommene Einfallsquelle. *Hegel* selbst bekam von Ludwig Tieck dessen

Rotkäppchenversion vorgelesen und führte an vielen Werkstellen Märchen an. Der junge *Engels* war durch das Dornröschenmärchen inspiriert. Im Hause von Karl *Marx* wurden die Schriften und besonders die Märchen der Gebrüder Grimm eifrig studiert. *Schopenhauer* gestand dem Märchen den Sinn zu, daß der Wille durch den Intellekt beschwichtigt, beruhigt und scheinhaft zufriedengestellt wird. *Nietzsche* bemerkte, daß nicht nur Kinder, sondern auch Erwachsene Märchen benötigen, um sich durch den wohltuenden Zauber spielerischer Täuschung vom intellektuellen Lernzwang zu erholen: „Der moderne Mensch schleppt zuletzt eine ungeheure Menge von unverdaulichen Wissenssteinen mit sich herum, die dann bei Gelegenheit auch ordentlich im Leibe rumpeln, wie es im Märchen heißt". Ludwig *Wittgenstein* übersetzte ein Grimmsches Märchen, las seinen Schulkindern gern Märchen vor und dachte bisweilen über den tiefen Sinn der Märchen nach. *Gramsci* übertrug das Rotkäppchenmärchen ins Italienische. *Russell* verwahrte sich gegen Fanatiker, die das Märchenerzählen aus der Kindererziehung verbannen wollten. *Heidegger* rekurrierte auf das Grimmsche Märchen vom Hasen und vom Igel. Von *Adorno* gibt es allein vier Passagen, in denen er Rotkäppchen evoziert. *Benjamin* und *Bloch* hatte ich schon eingangs genannt.

In der Tat erweist sich das Rotkäppchenmärchen, wenn wir es philosophischen Augs betrachten und den Primitiefsinn der offiziösen Märchenideologen beiseite schieben, als eine Geschichte, die einen immerwährenden Stoff zum Nachdenken bietet. Es geht dabei nicht darum, am Märchen herumzudeuten und herumzuzerren, sondern darum, sich vom Märchen zur Selbstreflexion anregen zu lassen. „Märchen brauchen nicht interpretiert zu werden", sagte der Filmregisseur Werner Herzog in einem Gespräch. Die These ‚Märchen brauchen Interpreten' wurde von unproduktiven und märchenfremden Ideologen und Theoretikern erfunden, die sich gar nicht erst auf die bizarre Märchenatmosphäre einlassen, sondern die skurrilen Elemente des Märchens in ihr vertrautes Fachchinesisch übersetzen, um auf diese Weise den Schrecken des Befremdlichen zu bannen und die Märchen zu bloßen Belegstellen weltanschaulicher und methodischer Erklärungssysteme zu degradieren. Wenn man nur erklärungsgeil genug ist, dann kann man überall im Märchen sexuelle oder sonstige Symbole sehen und hineindeuten. Und außer Symbolen können Märchendeuter, die nur das sehen, was sie glauben, auch alle möglichen anderen Fiktionen in den Märchen erblicken: ‚große Mütter', ‚mutige Bauernmädchen', ‚weibliche Sozialisationsprogramme', ‚Rotkäppchen-Syndrome' und ähnlichen Schnickschnack.

Die Summe all dieser Deuteleien ergibt bei weitem nicht die ganze Wahrheit, denn viele Märcheninterpretationen sind untereinander inkompatibel und widersprechen sich oft auf die krasseste Weise, wobei sich vor allem die psychologischen Schulen hervorgetan haben, von denen immer eine das Gegenteil der anderen behauptet. Die Gefahr bei diesem pseudoanalytischen Hickhack ist, daß man das Gespür für die inspirativen Kräfte verliert, die auch heute noch von den Märchen ausgehen und die jeder wahrnehmen kann, der den Fernseher abstellt und die Lauscher aufstellt. Diese Kräfte sind nix Mystisches – sie sind die Nachklänge unserer Kindheitserfahrungen und Kindheitsimpulse. Alle bedeutenden Künstler, Schriftsteller und Philosophen der Neuzeit sind Kinder des Märchens und zehren von diesen Kräften, alle schöpferischen Menschen sind beides zugleich, Entzauberer und Verzauberer, und nur bei den interpreziösen Nullitäten zerfällt diese produktive und spannungsreiche Einheit in reduktionistische Erklärerei auf der einen und blinde Schwärmerei auf der anderen Seite.

Wer sich auf seine Kindheit besinnt, der erkennt, daß wir alle Figuren und Konstellationen des Rotkäppchenmärchens bis zu einem gewissen Grad selber erleben: wir tapsen frohgemut in die dunkle Welt hinein, ohne zu ahnen, was es da alles Böses gibt, wir streifen wild und ungebärdig durch die Fluren, um alles anzufletschen, was des Weges kommt, wir schreiten in stolzer Jägersuniform einher und sorgen für geordnete Verhältnisse, bis wir unser Pulver verschossen haben, und auf einmal sind wir älter geworden und liegen krank im Bett und warten auf Kuchen und Wein und fragen uns erstaunt, in welchem Film wir eigentlich mitgespielt haben. Wir alle müssen die Rotkäppchenlektion lernen, daß die Welt das Vertrauen, das wir ihr ursprünglich entgegenbringen, nicht verdient. Wer hilfsbereit in den Wald läuft, der läuft Gefahr, übertölpelt zu werden; wer krank im Bett liegt, der sollte sich genau überlegen, wen er zu Tür hereinläßt; wer mit vollem Bauch einschläft, der wird vom Jäger aufgestöbert. Und so sinken wir denn alle im Laufe der Zeit mehr oder weniger zu mißtrauischen, egoistischen, poesielosen Alltagsmenschen herab, die wissen, daß sich das Leben der Erwachsenen hauptsächlich um Geld, Gewalt, Betrug, Ruf, Karriere und Heuchelei dreht, und so schnappen wir im wölfischen Krieg aller gegen alle nach allen Seiten, um uns unserer Haut zu wehren und um Beute zu erhaschen, und nicht wenige verkommen zu dicken Hunden, die mißmutig an ihren Ketten ziehen und müde an morschen Knochen kauen. Aber in allen Naturen, die nicht ganz prosaisch geworden sind, ist ein Stück des alten Urvertrauens lebendig geblieben, ein Träumchen von ein klein bißchen Rotkäppchen sein, eine Sehnsucht nach einem Zustand, wo man zutraulich sein kann, ohne deswegen gleich aufgefressen zu werden, wo man ‚schwach sich zeigen darf, ohne Stärke zu provozieren‘, und wo man, nackt unter Wölfinnen, ein Kind der Natur ist wie alle anderen Lebewesen auch.

Der Zauber der Märchen ist Unwahrheit ohne Lüge. Sie erheben keinen auftrumpfenden Wahrheitsanspruch wie die Ismen, Logien, Ysen, Tümer und Onen, sondern tun mit entwaffnender Unbefangenheit einfach so, als würde sich das alles tatsächlich so abspielen, wie sie es erzählen. Die Aufhebung der Naturgesetze ist im Märchen nicht nur erlaubt, sondern geradezu vorgesehen. Alles Unmögliche erscheint als möglich, alles Irreale gilt als leibhaftige Realität. Und eben deswegen, weil die Märchen der Phantasie gestatten, alle Elemente der Wirklichkeit bunt und spielerisch in den Erzählvorgang hineinzuverweben, enthalten die Märchen mehr Realität und mehr Wahrheit als die abstrakten Welterklärungstheorien, die doch alle nur, jede auf ihre Weise, einseitig und monokausal und schwarzweißmalerisch sind. „Alles ist ein Märchen", schrieb *Novalis* leicht übertreibend. Ohne Übertreibung dürfen wir sagen: alles ist *im* Märchen. Die Märchen sind der Seufzer der bedrängten Kreatur, ohne das Volk im Rausch unmündig zu machen, und sie geben uns nicht nur die Möglichkeit, unsere Träume an Blumenreden emporranken zu lassen, sondern lassen uns auch die Freiheit, die lebendige Blume zu brechen oder sie mit allen ihren feinen Würzelchen auszugraben und zuhause einzutopfen. Weil die Märchen nur Märchen sind, sind sie mehr als nur Märchen.

Das gilt in besonderem Maße für Rotkäppchen, das nicht ohne Grund zum populärsten Märchen der Gegenwart aufgestiegen ist. Mit brutaler Deutlichkeit zeigt uns dieses Märchen, wo's lang geht: durch einen unübersichtlichen Wald voller Gefahren und Schlinggewächse. Aber das Märchen veranschaulicht uns auch, wie man da unter Umständen wieder herauskommen kann: entweder mit Hilfe eines Scherenschneiders (wie uns die jägerfreundliche Hauptversion der Grimms suggeriert) oder aus eigener Kraft (wie uns die Nebenversion der Grimms und manche der alten Volksversionen und manche der neueren Parodien suggerieren). Heute, wo unsere Kinderängste vom absurden Lauf der Welt eingeholt und übertroffen werden und wo in den Depots der Technik grausige Vernichtungsmöglichkeiten lauern, die gefährlicher sind als alle Wölfe der Erde zusammengenommen, können wir schon froh sein, wenn wir wie Grimms Rotkäppchen mit heiler Haut davonkommen. In allen geschichtlichen Krisensituationen und Umbruchzeiten greifen die Menschen auf frühkindliche Strategien der Angstbewältigung zurück. Rotkäppchen wird nicht von ungefähr in fast allen politischen Problemphasen der Moderne heraufbeschworen und herbeigerufen: 1800 von Tieck nach der ersten französischen Revolution, 1831 von Heine nach der Julirevolution, 1917 von Majakowski zu Beginn der russischen Revolution, 1918 in der Hungerzeit nach dem Ende des Ersten Weltkrieges (siehe die Karikatur auf Seite 23 meines Rotkäppchenbilderbuches), 1933 von Karl Kraus nach der Machtergreifung der Nationalsozialisten, 1984 von Jewtuschenko nach dem Bau der Neutronenbombe, 1989 während der revolutionären Demonstrationen in der damaligen DDR (und das sind nur einige von vielen Beispielen).

An Rotkäppchen haben wir alle einmal geglaubt. Rotkäppchen gehört zu unseren ersten Lieben, zu denen wir immer wieder zurückkehren. Rotkäppchen ist die imaginative Bezugsfigur der Neuzeit, die Jeannette d'Arc unseres Jahrhunderts, die kleine Hilfsgöttin unserer vom Untergang bedrohten Gesellschaft. Und so wollen wir denn fleißig weiter weben und stricken an dem internationalen Phantasieprozeß namens Rotkäppchen und uns an dem kleinen Zaubermädchen erfreuen, das nicht nur ein reales Nachbild des vorindustriellen Zeitalters, sondern auch ein mögliches Vorbild des nachindustriellen Zeitalters ist: wenn nicht mehr nur Zahlen die Schlüssel zu allen Kreaturen sind und wenn man in Märchen und Gedichten die bessere Weltgeschichte erkennt, dann fliegt zwar nicht vor einem einzigen Zauberwort das ganze verkehrte Unwesen fort, aber auf den Trümmern einer hybriden Technik könnte der Blick frei werden für einen neuen Zusammenhalt der überlebenden Lebewesen, für eine erneuerte Fraternité, die auch den Bruder Wolf mit begreift und einbegreift. „Mit der Zeit muß die Geschichte Märchen werden – sie wird wieder, wie sie anfing" (*Novalis*). Die Märchen aus alten Zeiten gehen uns so lange nicht aus dem Sinn, bis wir ihnen einen Sinn für neue Zeiten abgewinnen. Musik und

Märchen sind die völkerverbindende Sprache der Erde, die elementare lingua franca der Menschheit. Ein neues Lied, ein besseres Lied singt Rotkäppchen uns vor, wir müssen nur die Melodie aufnehmen und vielstimmig begleiten. Käppchen klein geht nicht mehr allein in den weiten Wald hinein. Das Märchen wird weiterleben in der Vorstellungswelt aller erwachsenen Kinder. Jeder ist eingeladen, eine Reise ins Rotkäppchenland zu unternehmen und sich seinen Reim darauf zu machen. Solange der Wald noch steht und solange der Wolf noch einen Bauch hat, wird immer etwas Interessantes zu finden sein. Der Phantasie, sofern man welche hat, sind keine Grenzen gesetzt.

Und als ich diese Worte schrieb, da stand er vor mir, der nordhessische Wald meiner Kindheit, und wartete schweigend und verzauberte mich, und aus den Waldwiesen stieg ein rotkäppiger Wolf, und stracks kam auch der Jäger mit dem Vollmondgesicht angestiefelt, der sich um seine kranke Nachbarin kümmern wollte und leise vor sich hin summte: „Wolf, du hast das häßliche Entlein gestohlen, gib es wieder her, sonst werd' ich es wiederholen mit dem Schießgewehr!" Und sieh mal einer an – Rotkäppchen sollte am Ende Hochzeit halten in dem grünen Walde, ein Wölflein war der Bräutigam, sie haben sich Treue geschworen bis über beide Ohren. Diskret entweichend konnte ich noch hören: „Nur zu, beim Fressen kann mich gar nichts stören!" Und während ich mich seitwärts in die Büsche schlug und mich von meinem Märchenkind verabschiedete, vernahm ich noch das Klappern einer Schere, mit der die Großmutter ihr altes Hochzeitskleid für ihre Enkelin abänderte, und der Jäger, der als Trauzeuge vorgesehen war, verabredete wohl noch mit dem Wolf, zusammen auf Hasenjagd zu gehen, und aus dem Kuchen pickten sie sich die fettesten Rosinen heraus, und dann tranken sie so viel von dem Wein, daß sie beschwipst im Wald verschwanden und alle Termine absagten. Rotkäppchen aber lief vergnügt nach Hause und tat keiner Fliege etwas zuleide.

Rotkäppchen aus der Sicht eines Chemikers

Für das aus der Reaktion eines unbekannten Chemikers mit seinem weiblichen Reaktionspartner, der im folgenden kurz mit dem Trivialnamen Mutter bezeichnet wird, hervorgegangene Produkt hat sich in der internationalen Nomenklatur der Name „Rotkäppchen“ allmählich durchgesetzt, da das seinen Kopf bedeckende Textilfasergewebe mit dem roten Phenazinfarbstoff Safranin gefärbt war. Aus einer Veröffentlichung in Carnevalistica Chimica Acta 11,11(§111) entnahm die Mutter, daß der weibliche Reaktionspartner der Reaktion, bei der sie ihrerseits gebildet worden war – im folgenden mit Großmutter bezeichnet –, einem Angriff von Stoffwechselprodukten von Bakterien ausgesetzt war. Die Großmutter reagierte merklich exotherm, was an einer negativen Reaktionswärme zu erkennen war, die von ihrer Oberfläche an die sie umgebende Gasphase abgegeben wurde. Zur Erhöhung ihrer Aktivierungsenergie hatte sich die Großmutter auf einem sonst Recreationszwecken des menschlichen Körpers dienenden Gestell ausgebreitet.

Die Mutter entnahm ihrer Chemikaliensammlung einige Flaschen mit Reagenzien, die geeignet waren, die schädlichen bakteriellen Stoffwechselprodukte nebst ihren Präparatoren aus der Großmutterlauge auszufällen. Die Reagenzien verpackte sie bruchsicher in einem mit Holzwolle ausgekleideten Traggestell und beauftragte Rotkäppchen, dieses zur Großmutter zu befördern, es ermahnend, nicht das durch silikatische Gesteinsstücke befestigte Wegesystem zu verlassen. Durch Anthocyaninfarbstoffe enthaltende Blütenblätter ließ es sich doch in die Cellulose-Lignin-Chlorophyll-Vorräte links und rechts der Wege locken. Dort begegnete es einem entlaufenen Versuchstier des physiologisch-chemischen Institutes namens Wolf. Dieses prüfte eingehend die Reagenzien und erkundigte sich nach ihrem Verwendungszweck. Der Wolf, der nach einer Substanz suchte, um in seiner Verdauungsapparatur einen neuen Ansatz fahren zu können, kam auf den Gedanken, dazu Großmutterfleisch als geeignetes Substrat zu verwenden. Er legte rasch den Weg zur Großmutter zurück.

Da das Tier annahm, daß Großmutterfleisch leicht oxydierbar sei, legte es auf schnelles Arbeiten Wert und verwendete nicht wie bei früheren Reaktionsansätzen die von ihm entwickelte Fleischzerkleinerungsapparatur, die nach ihrem Erfinder auch Fleischwolf genannt wird, sondern zwängte die Großmutter in einem Stück in seinen Weithalskolben. Da sich der angreifenden Säure jetzt nur eine geringe Oberfläche bot, war die Reaktionsgeschwindigkeit natürlich sehr niedrig, und der Wolf legte sich auf ein von vier Stativen gehaltenes Liegegestell. Um Wärmeverluste an die Umgebung zu vermeiden, isolierte er sich mit Kleidung und Federbett der Großmutter. Das Rotkäppchen, das bald eintraf, identifizierte den Wolf infolge zu oberflächlicher Analysemethoden als Großmutter. Es begann vorsichtig, den aliquoten Teil einer mitgeführten Reagenzlösung in den vermeintlichen Großmutterhals einzupipettieren. Der Wolf, der wegen der Reaktionshemmung in seinem Magen dringend einen Katalysator benötigte, glaubte diesen unter den Reagenzien zu erkennen und füllte sie alle in sich hinein, einschließlich Rotkäppchen und der ganzen Flasche Barbitursäurederivat, das der Großmutter eigentlich als Schlafmittel hätte dienen sollen. Zur Erklärung dieses experimentellen Fehlers sei bemerkt, daß er mit sauberem präparativem Arbeiten nicht vertraut war. Die danach zu erwartende Wirkung trat schnell ein.

Der aufsichtführende Chemiker, der vom physiologisch-chemischen Institut über das Entlaufen des Versuchstieres informiert worden war, fand den Wolf in diesem Zustand vor. Durch starkes Stoßen in der Bauchapparatur wurde er auf eine vorschriftswidrige Beschickung aufmerksam. Er öffnete die Apparatur und konnte Großmutter und Rotkäppchen ziemlich intakt herausziehen. Sie waren kaum angeätzt. Den Wolf, dessen Außenwände durch das starke Stoßen schon Sprünge aufwiesen, zertrümmerte er vollständig und warf ihn auf den Abfallplatz.

Die beiden isolierten Substanzen wurden durch die plötzliche Lichteinstrahlung in einen angeregten Zustand versetzt. Die überschüssige Energie wurde in Form von Translations-, Rotations- und Oszillationsbewegungen abgegeben.

Der Vorfall wurde in einer Zuschrift an die Herausgeber von Grimms Annalen der Chemie veröffentlicht.

Rotkäppchen auf Theologisch

„Rotkäppchen!“ klang die Stimme der Mutter durch den Garten. Eins der anderen Kinder stieß das spielende Rotkäppchen an. „Solltest du dich nicht gerufen sein lassen?“ fragte es mahnend, „ist es dir denn gleichgültig, wenn deine Mutter dir etwas abfordert?“

Rotkäppchen gehorchte dem Anruf der Mutter und lief betroffen die Treppe hinauf. „Ich habe ein Anliegen an dich, mein Kind“, sprach die Mutter mit brennender Sorge. „Du weißt ja um die große Not der kranken Großmutter. Aber setz dich! Bevor wir ins Gespräch kommen, will ich noch rasch die letzten Zeilen schreiben.“

Nach einiger Zeit sagte die Mutter zu Rotkäppchen: „Du bist gefragt, mein Kind, ob du der Großmutter freudig mit ein paar Lebensmitteln dienen willst. Du kennst ja den Weg zu ihrem Häuschen im Wald. Insonderheit mußt du dir sagen lassen, daß du dich vor dem bösen Wolf in Acht nehmen mußt; du könntest sonst in große Daseinsangst geworfen werden. Fühlst du dich dafür nun zugerüstet, oder überfordere ich dich, mein Kind?“

Das Rotkäppchen schüttelte den Kopf und ließ sich freudig mit den Lebensmitteln ausrüsten. „Es muß dir wichtig werden“, sagte die Mutter dabei, „stets auf dem rechten Weg zu bleiben und dich mit keinem einzulassen. Und“, sie zog einen eng beschriebenen Bogen aus der Schreibmaschine, „hier ist noch das Wort, das ich nach ernsthafter Prüfung meines Gewissens für die Großmutter im Walde erarbeitet habe." Das Rotkäppchen steckte das Wort etwas achtlos in die Manteltasche. Es hatte schon so viele Worte zur Großmutter in den Wald getragen.

So brach das Rotkäppchen in aller Kümmerlichkeit, aber nicht ohne Verheißung auf. Im Raum des Waldes war es still und schön. Das Rotkäppchen konnte es den Bäumen und Blumen förmlich abspüren, wie sie je an ihrem Ort wuchsen und blühten. Da ereignete es sich hier und jetzt, daß ein großer Hund hinter ihm hergelaufen kam und fragte: „Sollten wir nicht aneinander gewiesen sein? Wir haben doch weithin den gleichen Weg." Das Rotkäppchen freute sich, inmitten seiner Bedrängnis nicht so allein zu sein, und sagte fröhlich: „Wenn du mich in deine Gemeinschaft hineinnehmen willst, dann gern."

„So geschieht Bruderschaft", knurrte der Hund befriedigt und lief nebenher.

„Wie werde ich sie bloß los?" dachte der Hund, der natürlich der böse Wolf war, nach einer Weile. „Ich habe doch solchen Appetit auf die Großmutter. Zwar werde ich in Schuld kommen, aber der Hunger treibt mich um." Insgeheim erwog er, auch das Rotkäppchen mitzuverschlingen.

So rannte der böse Wolf davon zu dem Häuschen im Wald, fand sich vor das offene Fenster gestellt, sprang hinein und machte es der Großmutter deutlich, wer er sei, indem er sie mit Haut und Haaren verschluckte. Dann legte er sich ins Bett und wartete.

Als Rotkäppchen zum Häuschen gelangte, blieb es beirrt in der Tür stehen. „Spürst du es mir nicht ab, daß ich deine kranke Großmutter bin?" fragte der Wolf mit zitternder Stimme. Aber diese Frage war keine echte Frage, und darum kam sie bei Rotkäppchen nicht an. Es wollte sie der falschen Großmutter durchaus nicht abnehmen.

„Du solltest mir brüderlich zuhören“, knurrte der Wolf und versteckte sich nun gar nicht mehr, „ich bin nun einmal aufgerufen, ein Wolf zu sein, und fühle mich gefordert, dich zu fressen.“

Als der Jäger vorüberkam, ließ er sich die Not der beiden groß werden und wurde darüber freudig, den bösen Wolf zu töten. Dann zog er die Großmutter und das Rotkäppchen entschlossen aus dem Bauch des Wolfes. Das Rotkäppchen aber mußte sich in großem Ernst fragen lassen, warum es mit dem bösen Wolf gegangen war.

Als die beiden nun dem guten Jäger so recht von Herzen danken wollten, wehrte er ihnen ab und sagte: „Wir müssen nüchtern sein. Es war mir wesentlich, daß ich euch in Verantwortung diesen Dienst tun durfte. Das müßt ihr euch nun schenken lassen.“ Dann begegneten sie einander in einem feinen Gespräch.

Die gute Tat des Jägers wurde hin und her im Lande erzählt. Das Rotkäppchen aber lief fröhlich nach Hause, und wenn es nicht gestorben ist, dann lebt es noch heute, weil ja schließlich je und dann immer neue Worte zu den Großmüttern in den Wald getragen werden müssen.

Rotkäppchen auf Mathematisch
von Friedrich Wille, unter tätiger Mithilfe von Viola Gramß, Karin Langlotz und Jutta Viering

Es war einmal ein Mädchen, dem wurde eineindeutig eine rote Kappe zugeordnet, wodurch es als Rotkäppchen definiert wurde.

„Kind“, argumentierte die Mutter, „werde kreativ, mathematisiere die kürzeste Verbindung des Weges zur Großmutter, analysiere aber nicht die Blumen am Wege, sondern formalisiere deinen Weg in systematischer Ordnung.“

Rotkäppchen vereinigte einen Kuchen, eine Wurst und

eine Flasche Wein zu einer Menge, hinterfragte nochmal den Weg und ging los. Im Walde schnitt sein Weg den eines Wolfes. Er diskutierte mit ihm über die Relevanz eines Blumenstraußes für die Großmutter und motivierte es, einen geordneten, höchstens abzählbaren Strauß zu verknüpfen. Inzwischen machte der Wolf die Großmutter zu einer Teilmenge von sich.

Als Rotkäppchen dann ankam, fragte es: „Großmutter, warum hast du so große Augen?"

„Ich habe gerade mein Bafög erhalten!"

„Großmutter, warum hast du so große Ohren?"

„Ich habe versucht, Prüfungsfragen durch die Tür zu erlauschen!"

„Großmutter, warum hast du so einen großen Mund?"

„Ich habe gerade versucht, das Mensaessen zu schlukken!"

Darauf machte sich der Wolf zur konvexen Hülle von Rotkäppchen.

Ein Jäger kam, sah eine leere Menge von Großmüttern im Haus und problematisierte die Frage, bis sie ihm transparent wurde.

Dann nahm er sein Messer und machte aus dem Wolf eine Schnittmenge. Die im Wolf integrierten Personen wurden schleunigst vom ihm subtrahiert. Zum Wolf wurde eine mächtige Menge von Steinen addiert. Er fiel in einen zylinderförmigen cartesischen Brunnen, bis seine Restmenge nicht mehr lebte.

Marx Brothers

Und Rotkäppchen sagte zu dem Wolf: „Wow wow wow!"

Rotkäppchen auf Amtsdeutsch
von Thaddäus Troll

Im Kinderanfall unserer Stadtgemeinde ist eine hierorts wohnhafte, noch unbeschulte Minderjährige aktenkundig, welche durch ihre unübliche Kopfbekleidung gewohnheitsrechtlich Rotkäppchen genannt zu werden pflegt. Der Mutter besagter R. wurde seitens ihrer Mutter ein Schreiben zustellig gemacht, in welchem dieselbe Mitteilung ihrer Krankheit und Pflegebedürftigkeit machte, worauf die Mutter der R. dieser die Auflage machte, der Großmutter eine Sendung von Nahrungs- und Genußmitteln zu Genesungszwecken zuzustellen.

Vor ihrer Inmarschsetzung wurde die R. seitens ihrer Mutter über das Verbot betreffs Verlassens der Waldwege auf Kreisebene belehrt. Dieselbe machte sich infolge Nichtbeachtung dieser Vorschrift straffällig und begegnete beim Übertreten des amtlichen Blumenpflückverbotes einem polizeilich nicht gemeldeten Wolf ohne festen Wohnsitz. Dieser verlangte in gesetzwidriger Amtsanmaßung Einsichtnahme in das zu Transportzwecken von Konsumgütern dienende Korbbehältnis und traf in Tötungsabsicht die Feststellung, daß die R. zu ihrer verschwägerten und verwandten, im Baumbestand angemieteten Großmutter eilend war.

Da wolfseits Verknappungen auf dem Ernährungssektor vorherrschend waren, faßte er den Entschluß, bei der Großmutter der R. unter Vorlage falscher Papiere vorsprachig zu werden. Weil dieselbe wegen Augenleidens krank geschrieben war, gelang dem in Freßvorbereitung befindlichen Untier die diesfallsige Täuschungsabsicht, worauf es unter Verschlingung der Bettlägerigen einen strafbaren Mundraub zur Durchführung brachte.

Ferner täuschte das Tier bei der später eintreffenden R. seine Identität mit der Großmutter vor, stellte ersterer nach und in der Folge durch Zweitverschlingung der R. seinen Tötungsvorsatz erneut unter Beweis.

Der sich auf einem Dienstgang befindliche und im Forstwesen zuständige Waldbeamte B. vernahm Schnarchgeräusche und stellte deren Urheberschaft seitens des Tiermaules fest. Er reichte bei seiner vorgesetzten Dienststelle ein Tötungsgesuch ein, das dortseits zuschlägig beschieden und pro Schuß bezuschußt wurde. Nach Beschaffung einer Pulverschießvorrichtung zu Jagdzwecken gab er in wahrgenommener Einflußnahme auf das Raubwesen einen Schuß ab.

Dieses wurde in Fortführung der Raubtiervernichtungsaktion auf Kreisebene nach Empfangnahme des Geschosses ablebig. Die gespreizte Beinhaltung des Totgutes weckte in dem Schußgeber die Vermutung, daß der Leichnam Menschenmaterial beinhalte. Zwecks diesbezüglicher Feststellung öffnete er unter Zuhilfenahme eines Messers den Kadaver zur Totvermarktung und stieß hierbei auf die noch lebhafte R. nebst beigehefteter Großmutter. Durch die unverhoffte Wiederbelebung bemächtigte sich beider Personen ein gesteigertes, amtlich nicht zulässiges Lebensgefühl, dem sie durch groben Unfug, öffentliches Ärgernis erregenden Lärm und Nichtbeachtung anderer Polizeiverordnungen Ausdruck verliehen, was ihre Haftpflichtigmachung zur Folge hatte. Der Vorfall wurde von den kulturschaffenden Gebrüdern Grimm zu Protokoll genommen und starkbekinderten Familien in Märchenform zustellig gemacht.

Wenn die Beteiligten nicht durch Hinschied abgegangen und in Fortfall gekommen sind, sind dieselben derzeitig noch lebhaft.

Rotkäppchen in der DDR

Rotkäppchen war gerade dabei, ein frohes Jugendleben zu entfalten, da kehrte die Mutter von der Versammlung der Haus- und Hofgemeinschaft zurück. Sie begrüßte Rotkäppchen mit der Losung: „Junge Pioniere, bildet Timurtrupps und helft

Saubermanns Töchterlein

„Das ist Rotkäppchen auf einer Illustration aus den fünfziger Jahren. Die fürsorgliche Mutter trägt Kaufhaus-Konfektion, die noch etwas an BDM-Zeiten erinnert. … Wer das sichere Häuschen verläßt, begibt sich in Gefahr. Draußen lauert schon der Wolf. Wenn man statt Haus liest ‚Bündnis mit den Westmächten‘ und statt Wolf ‚roter Bär‘, hat man den Kern der Adenauerschen Ostpolitik jener Jahre.“ (Jörg Becker)

unseren Parteiveteranen bei der verlustlosen Einbringung der Gartenernte!" „Rotkäppchen", schlußfolgerte sie, „nimm in dein Arbeitsprogramm auch einen Besuch bei unserer Großmutter, der verdienten Arbeitsveteranin, auf! Überreiche ihr aus Anlaß des 13. Jahrestages der Rentenerhöhung ein Stück Obstkuchen mit Schlagsahne und eine Weinflasche mit Faßbrause. Das wird die Großmutter stärken zu guten Taten für den Sozialismus und im Kampf um die allseitige Durchsetzung der Neuerermethoden auf dem Gebiet einer kulturellen Heimgestaltung. Weiche nicht vom Bitterfelder Weg ab! Und wenn du durch den Wald gehst, ermanne dich zu erhöhter Wachsamkeit gegenüber den parteifeindlichen Umtrieben des bösen Wolfes. Seinen sektiererischen und demagogischen Einflüsterungen, die vom Klassenfeind diktiert sind, darfst du nicht zum Opfer fallen! Vergiß nicht das blaue Halstuch und die rote Kappe! Seid bereit!"

„Immer bereit!" antwortete etwas traurig das Rotkäppchen, denn es hätte gern weiter frohes Jugendleben entfaltet. Aber auf Grund der 10 Gebote der sozialistischen Moral und eines kämpferischen Klassenbewußtseins schätzte es die Perspektiven seiner jugendlichen Entwicklung richtig ein und machte sich auf den Weg zur Großmutter. Bei seiner Wanderung kam das Rotkäppchen an einer Wiese, die einen Überplanbestand an schönen Blumen beinhaltete, vorbei. Dem Rotkäppchen gelang es, diese ungenutzten Reserven aufzudecken und sie unter Geringhaltung der Ausschußquote für die Produktion eines Blumenstraußes zu erschließen. Als das Rotkäppchen gerade dabei war, in sein Produktionsprogramm auch eine Pausengymnastik aufzunehmen, erschien der böse Wolf. „Freundschaft", sagte der Wolf, „was machst du hier?" Rotkäppchen, das den Wolf nicht gleich identifizierte, antwortete: „Ich entwickle Initiative zum Besuch der Großmutter und versuche, neue Wege zu beschreiten." „Laß uns eine Plandiskussion führen über einen komplexen Einsatz bei der Veteranin", entgegnete der Wolf. „Wir wollen als Kollektiv ein Aktionsprogramm erstellen. Erstürmt die Höhen der Kultur!"

Noch im gleichen Augenblick wurde ihm ein Verbesserungsvorschlag bewußt. Er setzte den ökonomischen Hebel an und änderte seinen Planentwurf dahingehend, daß er im progressiven Vorgehen in Teilabschnitten erst die Großmutter und danach das Rotkäppchen seinem Versorgungsplan einverleiben wollte. So verstieß er gegen die Richtlinien des Jugendförderungsplanes, und Rotkäppchen sah sich alleingelassen.

Kurz darauf stand der Wolf vor dem Wohnblock, in dem der Großmutter durch Beziehungen im Veteranenklub eine Parterrewohnung zugewiesen worden war. Eingedenk der Devise: „Jedermann an jedem Ort – mehrmals in der Woche Sport" sprang der Wolf durch das entgegen den Vorschriften der Staatlichen Versicherung der DDR offenstehende Fenster. Mit der kranken Großmutter ließ er sich auf keine Diskussionen ein, sondern diktierte ihr unter Mißachtung der Beratung durch die Führungsgremien einseitig seine Meinung, indem er sie einfach auffraß. Danach versuchte der gefräßige Agent, sich zu tarnen. Er zog Großmutters Nachthemd aus Dederon an und legte sich mit dem Krankenschein der SVK in der Pfote ins Bett.

Nach kurzer Weile, in dem Bestreben, die Wartezeiten zu verkürzen, betrat auch das Rotkäppchen die AWG-Wohnung. Als das Rotkäppchen die unrealistische Großmutter sah, erschrak es sehr.

„Großmutter, warum hast du so große Augen?" – „Ich habe eine Halbtagsbeschäftigung als Gütekontrolleur angenommen!"

„Aber, Großmutter, warum hast du so große Ohren?" – „Ich betätige mich als ehrenamtliche Mitarbeiterin des Ministeriums für Staatssicherheit!"

„Großmutter, warum hast du aber einen so großen Mund?" – „Weißt du nicht, daß ich Chefkommentator beim demokratischen Rundfunk war?" –

Der Wolf beendete die kämpferischen Auseinandersetzungen durch positive Überzeugungsarbeit, indem er auch das Rotkäppchen mit Haut und Haar auffraß. Dann legte er sich schlafen und produzierte Schnarchtöne der Güteklasse „Q" mit Weltniveau.

Mit einem „Spatz" der Produktion vom VEB Simson-Suhl kam auf der Suche nach einer Vertragswerkstatt ein Mitglied des Jagdkollektivs daher. Zufällig führte der Jäger seine Thälmann-Sauer-Flinte II. Wahl mit sich. Dem Wolf wurde es zum Verhängnis, daß er es an der nötigen Wachsamkeit in fahrlässiger Weise hatte fehlen lassen. Mit Hilfe der Hinweise aus der Bevölkerung gelang es dem Jäger, den Wolf zu identifizieren und als Geheimagenten der imperialistischen Ultras zu entlarven. Er realisierte die Tötung der scheußlichen Bestie und befreite die Großmutter und das Rotkäppchen aus dem Leib des bösen Wolfes.

Bevor sie den Tag der Befreiung mit der Erstellung eines Kulturprogramms feierten, verfaßte das Rotkäppchen einen Artikel für die „Junge Welt", mit dem es die Kritik an seiner falschen Verhaltensweise annahm und sich von seinem vertrauensseligen Versöhnlertum gegenüber dem Wolf distanzierte. Der Jäger hatte durch die Befreiung von Rotkäppchen und der Großmutter zwei Arbeitskräfte aus der nichtarbeitenden Bevölkerung zusätzlich erschlossen und somit einen Zuwachs des Volksvermögens um jährlich 2000,63 M erzielt. Er erhielt eine Prämie in Höhe von 300,- M. Außerdem wurde ihm für seine Tat eine Aufbaustunde im Rahmen seiner Selbstverpflichtung in der VMI angerechnet. Die Großmutter zahlte freiwillig einen Betrag für die Volkssolidarität, und das Rotkäppchen ließ sich von der Großmutter die leere Weinflasche für die nächste Altstoffsammlung geben. Und wenn sie nicht gestorben sind, dann leben sie noch heute.

Es war einmal vor vielen, vielen Jahren in Deutschland ein Wald, den der Arbeitsdienst noch nicht gerodet hatte, und in diesem Wald lebte ein Wolf. An einem schönen Sonntag nun, es war gerade Erntedankfest, da ging ein kleines BDM-Mädel durch den Wald. Es hatte ein rotes Käppchen auf und wollte seine arische Großmutter besuchen, die in einem Mütterheim der NSV untergebracht war. In der Hand trug es ein Körbchen mit einer Pfundspende und einer Flasche Patenwein.

Da begegnete ihm der böse Wolf. Er hatte ein ganz braunes Fell, damit niemand gleich von Anbeginn seine rassefremden Absichten merken sollte. Rotkäppchen dachte auch nichts Böses, weil es ja wußte, daß alle Volksschädlinge im Konzentrationslager saßen, und glaubte, einen ganz gewöhnlichen bürgerlichen Hund vor sich zu haben.

„Heil, Rotkäppchen", sagte der Wolf. „Wo gehst Du denn hin?" Rotkäppchen antwortete: „Ich gehe zu meiner Oma ins Mütterheim." „So", sagte der Wolf. „Aber dann bring ihr doch ein ein paar Blumen mit, mit denen das Amt für Schönheit der Holzarbeit den Wald geschmückt hat!" Sogleich machte sich Rotkäppchen daran, ein Erntesträußchen zu pflücken. Der Wolf aber eilte zum Mütterheim, fraß die Großmutter auf, schlüpfte in ihre Kleider, steckte sich das Frauenschaftsabzeichen an und legte sich ins Bett.

Da kam auch Rotkäppchen schon zur Tür herein und fragte: „Nun, liebe Oma, wie geht es Dir?" Der Wolf versuchte, die volksnahe Stimme der Oma nachzumachen, und antwortete: „Gut, mein liebes Kind!" Rotkäppchen fragte: „Warum sprichst Du heute so andersartig zu mir?" Der Wolf antwortete: „Die Rednerausbildung am Vormittag hat mich zu sehr beansprucht." – „Aber Oma, was hast Du für große Ohren?" – „Damit ich das Geflüster der Meckerer besser hören kann!" – „Was hast Du denn für große Augen?" – „Damit ich die Wühlmäuschen besser sehen kann!" – „Was hast Du denn für einen großen Mund?" – „Du weißt doch, daß ich in der Kulturgemeinde bin!" Und mit diesen Worten fraß er das arme Rotkäppchen, legte sich ins Bett, schlief in seiner verantwortungslosen Art sofort ein und schnarchte.

Da ging draußen der Kreisjägermeister vorbei. Er hörte ihn und dachte: „Wie kann eine arische Großmutter so rassefremd schnarchen?" Und als er nachsah, da fand er den Wolf; und er schoß ihn, obwohl er keinen Jagdschein für Wölfe hatte, auf eigene Verantwortung hin tot. Dann schlitzte er ihm den Bauch auf und fand Großmutter und Kind noch lebend. War das eine Freude! Der Wolf wurde dem Reichsnährstand zugewiesen und zu Fleisch im eigenen Saft verarbeitet. Der Kreisjägermeister durfte an der Uniform einen goldgestickten Wolf tragen, Rotkäppchen wurde zur Unterführerin im BDM befördert, und die Großmutter durfte auf einem funkelnagelneuen KdF-Dampfer eine Erholungsreise nach Madeira machen.

Rotkäppchen im amerikanischen Militärjargon
von Alfredo Grünberg

TO: Whoever it may concern
SUBJECT: HOOD, RED, RIDING, LITTLE

1. Once upon a time there lived a female personnel whose nomenclature was HOOD, RED, RIDING, LITTLE, one each (1). Her duty uniform consisted of following named items:

a. Dress, red, cotton, 1 ea
b. Cape, red, w/hood, 1 ea

2. One day HOOD,RED, RIDING, LITTLE rec'd a TWX from her MOTHER, GRAND, OLD, who lived in isolated area in a cottage, brick type, w/chimney, w/o TV.

The TWX read as follows:

UNCLAS „Dear HOOD, went on sick call yesterday. Confined for indefinite period. Love, relative type, MOTHER,

GRAND, your. Please see me ASAP".

Hood typed up 1st Ind immediately:

„Basic communication complied with. ETA your station NLT 1600 hrs this day."

3. HOOD then departed homepoint handcarrying following items:

a. Basket, picnic, wicker type w/o top, 1 ea

b. Sandwiches, salami, w/pickle & onion, w/o mustard & mayo, four ea (4).

While enroute to TDY destination, personnel concerned came to a forest, thick, primeval. Suddenly out of the thicket, briar, emerged a WOLF, BAD, BIG, BROWN, one each (1).

„Halt, who goes there & what are your last four?" challenged the WOLF. „4032, HOOD, RED, RIDING, LITTLE, on TDY to Bldg 2355" stated HOOD. „Request your assistance in locating & picking of flowers, beautiful, one lot (1)", demanded the WOLF. „I am afraid this will not be tolerated by Mother, dear, my." „My VOCO should furnish necessary authorization", the WOLF replied hereon. „Awright then, above mentioned flowers w/b taken care of, effective immediately", HOOD said.

4. While HOOD was busy picking flowers, WOLF hurried to Bldg 2355. Upon arrival WOLF, BAD, BIG, BROWN swallows GRANNY in a single swallow, one each (1). WOLF then

a. polices up area

b. jumps into the bed

c. and pulls on GRANNY's AC 146-92s.

HOOD enters: „Hello, MOTHER, GRAND! What big listening equipment you have got!" – „All the better to maintain maximum efficiency at minimum cost with zero defects", replied the WOLF.

5. Then HUNTER, HANDSOME, one each (1), handcarrying weapon w/ammo, arrived at scene of incident. HUNTER killed WOLF, one each (1), performed nec surgical

procedures to remove MOTHER, GRAND, from stomach of WOLF, BAD, BIG, BROWN, no injuries to involved personnel reported.

MOTHER, GRAND & HOOD, RED, RIDING, LITTLE then organized thank-you-party. All available supplies of alcoholic beverages were destroyed on the spot, resulting in serious intoxication of all personnel involved, three each (3).

FOR THE COMMANDER: Brothers GRIMM

Rotkäppchen auf Linguistisch

von Ise Grimm

Es war einmal ein spezifiziertes Subjekt (Käppchen), dem wurde ein Feature (+rot) zugeordnet.

GROSSMUTTER zeigte negative Evidenz für die Wohlgeformtheitsbedingungen ihrer Oberflächenstruktur, und MUTTER postulierte die probabilistische Strategie:

– Bewege diesen output zyklischer Transformationen (Kuchen + Wein) zu GROSSMUTTER.

– Verstoße dabei nicht gegen die Weg-Insel-Beschränkung.

Die Strategie war funktional, scheiterte jedoch an dem Merkmalsbündel WOLF (+böse), das sich in der Distribution WALD befand. WOLF dekodierte die Bewegungsregel von ROTKÄPPCHEN, plazierte sich vor diesem in die vorgesehene Position und wendete auf GROSSMUTTER eine Tilgungstransformation an.

Ein explorativ orientierter JÄGER sensierte auditiv Dreikonsonantenkluster mit Sonoritätsgipfel und klassifizierte das Lautkontinuum als Schnarchen. Nachdem er sich in eine benachbarte Position bewegt hatte, analysierte er messerscharf die signifikante Tiefenstruktur:

– WOLF → MAGEN: (Großmutter + Rotkäppchen).

Damit überließ er das Phänomen seinem Schicksal und eilte zum Schreibtisch, wo er diese paradigmatische Erkenntnis in einer 300 Seiten langen Arbeit niederlegte, mit der er die Umformulierte Normalisierte Standardisierte Intensivierte Nullifizierte Nominalphraseologie (UNSINN) realisierte.

Durch minimale Faktorisierung wurde er auf einen professoralen Hochsitz passiviert. Und wenn er nicht getilgt wurde, sitzt er dort heute noch.

Rotkäppchen in der Werbung
von Thaddäus Troll

Es war einmal ein Kind, das hieß Rotkäppchen, weil es kein Käppchenmuffel war, sondern stets ein hautverträgliches Hütchen trug, das war röter als das röteste Rot unseres Lebens, dazu kochecht, absolut waschmaschinenfest, mit doppeltem Mittelstück und patentiertem Verschluß. Zu dem sprach die Mutter, eine nicht alltägliche Frau, die Kenner schätzen, da Skunksin ihr einen reinen Atem verleiht: „Mach mal Pause, pack den Tiger in den Tank und geh meilenweit zur rieselfreudigen Großmutter, denn sie ist krank, weil sie nicht bei der Mesallina Sach und Leben versichert ist. Wäre sie es, könnten wir, durch ihre Vorsorge vor Sorge geschützt, dem Schlimmsten ins Auge sehen, denn bei Unfalltod zahlt die Kasse für Leute, denen das Beste gut genug ist, sogar das Doppelte. Bring ihr ein paar verbrauchernahe Dinge des gehobenen Bedarfs: gaumenfreudige Kartoffeln, Fleisch von glücklichen Ochsen, Käse vom Fuße der Alpen, ein Huhn, das goldene Eier legt, ein aktuelles Vollwaschmittel und einen mäßigen, aber regelmäßigen Wein von den Hessischen Anilin- und Kaliwerken – denn im Lande der Gourmets versteht man was vom Geist des Weines!"

„Aber was mache ich, wenn ich dem bösen Wolf begegne, der im Walde läuft und läuft und läuft?" „Nimm zwei

Tabletten Timidax, die Sonnenbrille für die Seele, gut gegen alle Schmerz- und Erregungszustände unserer modernen Zeit."
„Alle sprechen vom Wetter – wir nicht!" sagte Rotkäppchen, griff zu dem Chefbehälter in Korbform, ein echtes Geschenk für den verwöhnten Anspruch, und machte sich auf den Weg, nicht ohne das Transistorgerät Marke Grünspan mitzunehmen, klangreiner als der klangreinste Brunstschrei des Hirsches, dem die Melodien so rahmig, so sahnig entwichen, daß die Vögelein auch in kritischen Tagen beschämt ihr Konzert einstellten.

Wie ein weißer Wirbelwind schritt das Kind aus, denn nicht umsonst trug es als guten Stern auf allen Straßen die atmungsaktiven Sandaletten Frischauf mit dem pilzhemmenden Mittel Fungol, dessen hochkarätige Tiefenwirkung alle Pfifferlinge am Wegrand verdorren ließ. Vom Wohlklang des Transistorgeräts für den neuen Ohrengeschmack angezogen, kam bald wie ein weißer Riese der Wolf, in dessen exklusivem Fell sich die Ideale der klassischen Körperkultur mit dem Schnitt der modernen Welt zu einem kraftvoll-herben Duftakzent von eng anliegender, echter Eleganz vereinigten.

„Wohin des Wegs?" fragte der Wolf, funktionsgerichtet und kraftvoll aus der Tiefe wirksam.

„Zu meiner Großmutter, um ihr Genußmittel im Stil der neuen Zeit, aromareich und doch giftarm, zu bringen. Seit sie in der Bausparkasse Hebron prämienspart, wohnt sie in einer steuerbegünstigten Zweitwohnung im Stil der Erfolgreichen! Großmutter ist eine Reise wert!"

Mit einem fröhlichen Gang, wie ihn nur der täglich dreimalige Genuß von Milch, die müde Männer munter macht, vermittelt, machte sich der Wolf zur Großmutter, wo sich folgender Dialog entspann:

Jackie W., Großmutter: „Du hier, der große Klare aus dem Norden?"

Ihr Freund: „Zwei Worte, ein Bett."

Jackie W., Großmutter: „Ja, ein hartes Bett für harte Männer!"

Als der Wolf die knackige Großmutter so liegen sah, in ihrem hochmodischen Korselettchen mit Vorderverschluß ohne unzumutbare Wartezeiten, regte er mit zwei Tabletten Fressal die Galle seiner Leber an und verschlang die speiseröhrengerechte Frau mit einem ganz neuen Eßgefühl. In den Wolf hineinschlüpfen und sich wohlfühlen war für die Großmutter eins. „Nehmt's leicht, macht euch ein paar schöne Stunden", dachte sie.

„Großmutter macht's möglich", dachte er, legte sich in die extravagante Liege für die Frau von Format, deckte sich mottensicher zu und wartete mit unermüdlicher Wachkraft auf Rotkäppchen, das bald kam.

„Großmutter, warum hast du so ein rasierbereites Gesicht?"

„Weil ich das hautsympathische Capellovit mit dem Wirkstoffzusatz SB 17 benütze, der Haarwuchs für die Größen dieser Zeit bis tief ins Gesicht hinein garantiert!"

„Großmutter, was riechst du so streng?"

„Das ist der Duft der großen, weiten Welt", sagte der Wolf, sah mit dem Appetit, den Frauen lieben, auf das bißfreudige, gaumengerechte Rotkäppchen, sprang aus dem Bett, verspeiste es mit dem haftaktiven, senilodentgepflegten Gebiß und schlief ein.

Von Großmutters erregend temperamentvoller Armleuchte in antikem Stilempfinden angelockt, kam der bärenharte Förster an das gepflegte Eigenheim. Sein Hörgerät Silex für kultivierte Individualisten ließ ihn bald die Schnarchgeräusche wahrnehmen. Hatte der Wolf es doch unterlassen, den echten Bärensirup zu kaufen, von dem zwei Tropfen, über den Mund oder sonstwohin gestrichen, den Gentleman vor unerwünschten Körpergeräuschen schützen.

„Wer wird denn gleich in die Luft gehen", sagte der Förster und griff zum neuzeitlichen Selbstoperierer Skalpin, der den schnittfesten Bauch des Wolfes wie eine sanfte Liebkosung magischer Hände aufschnitt. „Zwingt Messer rein und Großmutter raus“, dachte er und ja: Skalpin bleibt Skalpin – heraus sprangen Großmutter und Enkelin, so fröhlich und so gut gelaunt, vom Zauber des Besonderen umgeben.

„Darauf einen Salbeitee!“ sagte Rotkäppchen.

„Ja, aber nur den mit dem Wanzenbild!“ versetzte die Großmutter.

„Erst einmal entspannen, der nächste Winter kommt bestimmt“, sagte der Förster.

Und wenn sie täglich dreimal Haemikoltropfen nehmen, die den Körper entschlacken und so darmaktiv wirken, sind sie noch nicht gestorben, sondern heute noch marktgerecht.

Rotkäppchen in der Scene
von Irmela

Da wa ma ne echt coole Frau,die hatte sich die Haare mit Henna gefärbt, da hieß sie überall nur noch Rotkäppchen. Die wohnte bei ihren Alten wegen der Kohle, auf Malochen hatte sie Null Bock. Aber die Alten machten total Terror von wegen Jobben oder so. Emotional lief da rein gar nichts mehr, und ne Zweierkiste hatte sie auch gerade nicht am Laufen.

Da sagte sie sich: „Hier wirste nich alt, und überhaupt ist Action angesagt“ und machte sich vom Acker zu ner befreundeten Land-WG, die hatten mitten im Wald en irres Haus aufgerissen. Bei Karstadt in der Reformabteilung klaute die Frau noch ne Packung Müsli und ne Flasche okzitanischen Bio-Wein, dann trampte sie los.

Klappte auch alles ganz locker, nur das letzte Stück ging sie zu Fuß durch den Wald. Da kam ein total ausgeflippter Typ angelatscht, ganz schön beknackt, sag ich dir, Wolfgang hieß der oder so, is ja auch egal. Der Typ hing so rum, laberte was von nem Blumenstrauß und nem Jäger und wo denn die Großmutter wohnen würde.

Die Frau war zentral genervt und kriegte wahnsinnige Aggressionen: „Also, ich find das unheimlich Scheiße oder so. Das ist ja wohl die Härte, wie du mich hier so repressiv anmachst, Alter, da läuft echt Null!" Der abgefuckte Freak brauchte ne Weile, bis er das geschnallt hatte. Der war irgendwo total geschockt. Dann verpisste er sich, war wohl en echter Hammer für den, der hing völlig durch für en paar Wochen, war aber bestimmt en wichtiger Lernprozeß oder so.

Und die Frau, die hat sich voll eingebracht in die Land-WG, die waren alle unheimlich lieb und spontan. Hab ich alles von dem Wilhelm gehört, das ist der Bruder von dem Jacob. Die beiden Typen erzählen vielleicht heiße Stories. Echt irre, ehrlich!

Rotkäppchen auf Mecklenburgisch

Dor wir mal eins ein Fruu, dei hadd ein lütt Diern. Diss' hadd ümmer so 'ne rode Kapp up, dorvon heit sei „Rotkäppchen".

Einmal seggt ehr Mudder tau ehr: „Rotkäppchen, gah hen un bring' Großmudder 'n bäten Kauken un Wien hen, denn sei is krank!"

As Rotkäppchen in 'n Holt is, begegent ehr dei Wulf.

Dei seggt: „Wo willst du hen, Rotkäppchen?"

„Ick will Großmudder Kauken un Wien henbringen."

„Wo wahnt dien Großmudder?"

„Dor hinnen in 'n Holt ünner dei groten Eiken."

Donn seggt dei Wulf: „Willst Großmudder nich 'n poor Ierdbeeren un einen Blaumenstruuß mitnähmen?"

„Ja", seggt Rotkäppchen.

Un ünner dei Tiet geht dei Wulf hen nah Großmudder ehr Huus un kloppt an.

Donn seggt Großmudder: „Wer ist da?"

„Dat is Rotkäppchen! Ick bring di Kauken un Wien!"
Donn seggt Großmudder: „Drück man up dei Klink!"
Donn geht dei Wulf hen un frett Großmudder up.
Donn kümmt Rotkäppchen un seggt: „O Großmudder, wat hest du för grote Ogen?"

„Dat ick di bäter seihn kann!"

„O Großmudder, wat hest du för 'ne grote Näs'?"

„Dat ick di bäter rüken kann!" „O Großmudder, wat hest du för grote Uhren?" „Dat ick di bäter hüren kann!" „O Großmudder, wat hest du för grote Händ'n?" „Dat ick di bätter anfaten kann!" „O Großmudder, wat hest du för ein grotes Muul?" „Dat ick di bäter fräten kann!" – Un donn springt hei tau un frett Rotkäppchen up. Donn leggt hei sick wedder in 'n Bett hen un snorkt.

Donn kümmt dei Jäger dor vörbie un seggt: „Wo snorkt dei oll Fruu so dull: Is sei so krank? Ick möt mal tauseihn."

Un hei geht nu rin, un donn liggt dei Wulf in 'n Bett. Dei Jäger kümmt nu bie un snitt den Wulf den Buuk apen. Donn kümmt Rotkäppchen wedder ruut un Großmudder uck. Donn packen sei den Wulf den Buuk vull Stein un laten em nu loopen. Donn will dei Wulf eins suppen un föllt rin in 't Water.

Der Wolf im Lichte der Interaktionstheorie
von der Arbeitsgruppe ‚Peter und der Wolf'

Wenn wir die Geschichte vom Rotkäppchen und vom bösen Wolf ins Auge fassen, dann können wir uns dem Kernproblem nähern, indem wir das Sozialisationsdefizit des Mädchens anhand eines einfachen Interaktionsmodells untersuchen. Bitte betrachten Sie genau unser Schaubild und folgen Sie den Bewegungen meines Zeigestocks.

Rotkäppchens Mutter (M) ist aufgrund ihres Werte- und Normensystems (N), das unter anderem Unterhaltsverpflichtungen gegenüber der Großmutter (G) beinhaltet, zur

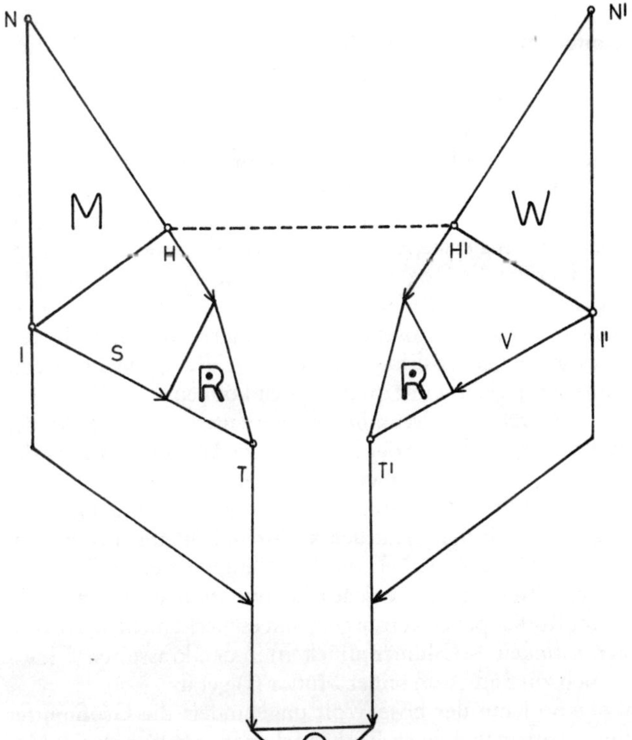
N
N'
M
W
H
H'
I
S
V
I'
R
R
T
T'
G

Intention I gelangt, d.h. sie hat die Absicht, der Großmutter einige Lebensmittel zukommen zu lassen. Sie realisiert diese Intention mittels einer Handlungsanweisung (H), die ihre Tochter Rotkäppchen (R) zur Tätigkeit T veranlassen soll.

Rotkäppchen, das sich im gleichen soziokulturellen Umfeld befindet, hat das Normensystem (N) seiner Mutter, der Hauptinstanz seiner frühkindlichen Sozialisation (S), internalisiert und akzepiert folglich auch die Intention I. Es setzt die Handlungsanweisung H in die konkrete Tätigkeit T um, indem es sich auf den Weg zur Großmutter (G) macht.

Unterwegs trifft Rotkäppchen auf den Wolf (W), mit dem es auf der Basis des Vertrauens interagiert, das kleine Kinder normalerweise in der familiären Sozialisation gewinnen. Es zieht die Möglichkeit, daß der Wolf ein abweichendes Normensystem (N') haben könnte, nicht in Betracht, denn seine mitweltliche Auseinandersetzung reicht noch nicht aus, um die soziale Position des Wolfes einschätzen und seine Motivation richtig interpretieren zu können.

Durch sein freundliches Verhalten (V) bestärkt der Wolf Rotkäppchen in der irrtümlichen Annahme, er habe das gleiche Normensystem wie die Mutter und seine Handlungsanweisung H' („Pflück Blumen!") sei auf die gleiche Intention wie die der Mutter (I) zurückzuführen. Rotkäppchen befolgt denn auch unverzüglich die Handlungsanweisung H' und pflückt Blumen. Die eigentliche Intention des Wolfes (I') bleibt Rotkäppchen verborgen, und es merkt nicht, daß es mit der Tätigkeit T' (Blumenpflücken) in den krassesten Widerspruch zur Intention seiner Mutter (I) gerät.

So kann der böse Wolf ungehindert die Großmutter und nachher auch noch Rotkäppchen in sein normfreies Magen-Darm-System internalisieren.

Das Ende vom Lied
von Udo Sempny

Ein Tier kam in die Stube
und sprach zur Großmutter: „Ei, ei!"
Da rief sie nur: „Du böser Bube!"
und schlug den Wolf zu Brei.

Da heulten viele Wölfe
und gruben ihm ein Grab
und setzten nachts um zwölfe
darauf den Reimesstab.

Danach kam noch die Polizei
mit einem dicken Mäppchen
und dichtete so allerlei
von Jägern und von roten Käppchen.

Rothkäppchen
von Wolfgang Sembdner

Ein Mensch – und zwar ein kleines Mädchen –
War wohlbekannt im ganzen Städtchen.
Der kranken Oma namens Ella,
Der brachte sie Valpolicella.
Jedoch es kam auf halber Strecke
Ein Wolf aus einer Brombeerhecke.
Die Angst des Mädchens, die nervöse,
Sie steigert sich ins Psychiatröse.
Der Fall ist klinisch sehr bestechend:
Sie hört den Wolf als Menschen sprechend,
Hört fragen ihn nach Omas Hüttchen,
Erklärt den Weg ihm Schritt für Schrittchen.

Drauf schleicht der Wolf sich wie ein Mäuschen
Zur alten Oma ihrem Häuschen.
Bevor die Gute noch erschrak,
Sie schon dem Wolf im Magen lag.
Dann kommt das Mädchen mit der Mütze
Grad zum Dessert als rote Grütze.
Nach gutem Essen darf man alles –
Nur schnarchen soll man keines Falles.
Ein Jäger bringt ein Messer mit,
Und mittels einem raschen Schnitt
Befreit er Enkelin und Oma
Zur rechten Zeit noch aus dem Koma.
So ist zu Ende ihre Not;
Und als Moral schreibt Eugen Roth:
Auch wenn der Kaiser längst beseitigt,
Ein Kaiserschnitt oft Gutes zeitigt.

rotkapperl
von Josef Wittmann

d oma im oitasheim
is eh guad vasorgd.

und aus wein und kuacha
hod s a se no nia vui gmachd.

bleamen griagd s von da schwesda,
de zoin ma exdrig.

da woif im woid
kon wartn bis a schwarz wead:
von uns griagd a neamands.

Das Rotkäppchen
von Bernhard Schindler

Als der Wolf tot war, verabschiedete sich das Rotkäppchen von der Großmutter und vom Jäger und hüpfte nach Hause.

„Warum kommst du so spät?“ fuhr die Mutter das Rotkäppchen an.

„Ich bin unterwegs dem Wolf begegnet und ...“

„Du weißt doch, daß du spätestens beim Einnachten zu Hause sein sollst!“ sagte die Mutter.

„... und der Wolf hat zuerst die Großmutter gefressen und dann mich und ...“

„Hör auf mit dem blöden Wolf – was erzählst du da?“

„... dann mußte uns der Jager zuerst wieder aus dem Bauch des Wolfes herausschneiden“, sagte das Rotkäppchen geduldig.

„Wart, ich gebe dir Wolf und Jäger!“ sagte die Mutter und griff nach dem Kochlöffel.

„Was ist denn los?“ fragte der Vater, der gerade zur Türe hereinkam.

„Ich bin doch vom Wolf gefressen worden!“ weinte jetzt das Rotkäppchen, und: „Das ist wieder typisch deine Tochter!“ schimpfte die Mutter. „Erst neun Jahre alt und lügt schon wie gedruckt!“

„Vielleicht hat sie einfach eine blühende Phantasie“, versuchte der Vater zu beschwichtigen. „Frag die Großmutter, was wirklich geschehen ist.“

„Ach wo“, sagte die Mutter, „du weißt doch, wie vergeßlich sie ist.“

Das Rotkäppchen wurde ohne Nachtessen ins Bett geschickt. Am anderen Tag sprach die Mutter mit der Lehrerin, die versprach, sich der Sache anzunehmen. Sie erzählte den Kindern vom Schafhirten, der zweimal fälschlicherweise das Dorf alamierte, der Wolf sei da, und dem man, als der Wolf wirklich kam, nicht mehr glaubte. Dann forderte sie die Kinder auf, zu erzählen, wie sie einmal geschwindelt hätten. Alle Kinder meldeten sich, nur das Rotkäppchen schwieg.

„Und du, Rotkäppchen?“ fragte schließlich die Lehrerin, „hast du uns nicht auch etwas zu sagen?“

„Ich habe nicht gelogen“, sagte das Rotkäppchen leise.

Die Lehrerin gab es auf, meldete der Mutter, das Kind sei verstockt, und riet zu einer Behandlung beim schulpsychologischen Dienst. Nach einigen Wochen erhielten sie einen Termin.

„Leg dich auf die Couch“, sagte der Psychiater, „und erzähl mir, was du gerade denkst!“

„Was hast du für ein entsetzlich großes Maul?“ sagte das Rotkäppchen.

„Wie bitte?“ Zum erstenmal in seiner Praxis war der Psychiater verblüfft.

„Das fragte ich die Großmutter, als sie so wie ich jetzt auf dem Bett lag“, sagte das Rotkäppchen.

„Ach so“, meinte der Psychiater und schrieb geschwind in sein Notizbuch „Großmutterkomplex?“.

„Und was hat die Großmutter geantwortet?“

„Es war gar nicht die Großmutter, sondern der Wolf. Er sagte: ‚Damit ich dich besser fressen kann!‘“

Der Arzt runzelte die Stirn und notierte „Verfolgungswahn“.

„Und was hat dann der Wolf mit dir getan?“

„Er hat mich aufgefressen.“

Der Arzt klappte das Notizbuch zu und redete ernst mit der Mutter. „Das Kind hat ein frühkindliches traumatisches Erlebnis gehabt. Vielleicht noch im Mutterleib. Wir werden das herausfinden müssen. Eine andere Frage: Haben Sie dem Rotkäppchen jemals Märchen erzählt?“

„Nun – ja“, sagte die Mutter unsicher.

„Sehen Sie!“ triumphierte der Doktor. „Ich sage es immer wieder: Märchen sind für Kinder denkbar ungeeignet. Märchen gehören verboten!“

Das Rotkäppchen ging jetzt regelmäßig zum Psychiater. Immer wieder mußte es seine Geschichte erzählen. Da er das Kind bei keinen Widersprüchen ertappen konnte, versuchte er es auf andere Weise.

„Bist du ganz sicher, daß es ein böser Wolf war?" fragte er das Rotkäppchen. „War es nicht vielleicht ein lieber Wolf?"

„Ich weiß nicht", sagte das Rotkäppchen und erschauerte.

Einige Zeit später begegnete das Rotkäppchen auf dem Weg zum Psychiater wiederum einem Wolf. Zuerst wollte es um Hilfe schreien. Aber dann dachte es: „Es wird mir doch niemand glauben. Und vielleicht ist es ja jetzt der liebe Wolf."

Die Suche nach dem Rotkäppchen dauerte vierzehn Tage. Der Psychiater wurde verhört, aber dort war es nachweislich nie angekommen. Später wurde der Fall unter den ungelösten Vermißtenanzeigen abgelegt.

(Rumpelstilzchen)

Der Wolf erzählt
von Thomas Belker (Klasse 4a)

Eines Tages lief ich durch den tiefen, dunklen Wald, um ein kleines Reh zu fangen. Als ich an die große, bunte Wiese kam, sah ich plötzlich Rotkäppchen. Ihr kennt ja alle dieses ungezogene, böse, kleine Mädchen, das alle Tiere im Walde ärgert und quält, wann es nur kann. „Rotkäppchen", fragte ich es, „was tust du hier?" – „Hau ab, du blödes Vieh, ich pflücke Blumen für meine kranke Großmutter, die dir vorige Woche noch das Fell versohlt hat", schrie Rotkäppchen wütend. „Aber Rotkäppchen", sagte ich, „laß uns doch gute Freunde werden! Wir Tiere im Wald wollen immer nur lieb zu dir sein." – „Ach, was für ein blödes Geplapper, du stinkender, dreckiger Wolf! Ich hole den Jäger, damit er aus dir mit seinen Kugeln ein Sieb macht", schimpfte Rotkäppchen und stampfte vor Wut mit den Füßen auf den Boden.

„So ein freches Kind muß einen Denkzettel bekommen", dachte ich, rannte zur Großmutter und fraß sie auf. Kurz darauf lag ich als Großmutter verkleidet im Bett der Großmutter.

Plötzlich stieß Rotkäppchen die Tür auf, knallte das Körbchen auf den Tisch und brüllte los: „Meine Güte, Großmutter, wie scheußlich siehst du denn aus? Was hast du für große Elefantenohren?" – „Damit ich dich besser hören kann", murmelte ich. – „Was hast du für greuliche Glotzaugen?" – „Damit ich dich besser sehen kann", flüsterte ich. „Was hast du für grausige Tatzen?" – „Damit ich dich besser packen kann", knurrte ich. „Was hast du für eine riesengroße Schnauze?" – „Damit ich dich besser fressen kann", brüllte ich und verschlang das freche Blag mit einem Happen.

Als der Jäger kam und mich schnarchen hörte, befreite er die Großmutter und das ungezogene Rotkäppchen. Zum Glück habe ich es überlebt, daß der Jäger mir den Bauch aufgeschnitten hat. Rotkäppchen ist ein liebes Kind geworden. Ich aber bin ein Feind der Menschen geworden – und deshalb erzählen manche Leute das Märchen „Rotkäppchen" ganz anders.

Das Rotkäppchen und der gute Wolf
von Patrick Hawner (Klasse 6)

Es war einmal ein böses Mädchen, das hieß Rotkäppchen. Es hatte eine sehr kranke Großmutter. Eines Tages ging Rotkäppchen die Großmutter zu besuchen. Mitten im Wald traf sie den guten Wolf. Da Rotkäppchen den Weg nicht mehr genau wußte, fragte sie den Wolf: „He Wolf, weißt du, wo meine Großmutter wohnt?" Der Wolf erwiderte: „Die hinter den drei Buchen?" Rotkäppchen sprach: „Äh ..., ja genau."

„Also gut, ich bring' dich hin", sagte der Wolf. Unterwegs forderte der Wolf das Rotkäppchen auf, noch ein paar Blumen zu pflücken. Sie nahm welche mit. Unterwegs erfuhr der Wolf, daß Rotkäppchen böse Absichten hatte. Und zwar forderte sie den Wolf auf, die Großmutter aufzufressen. Er bekäme dafür auch den ganzen Inhalt des Korbes. Der Wolf war darüber empört und geriet so außer sich, daß er das Rotkäppchen ins Bein biß. Da kam ein Jäger dahergelaufen und sah das Ereignis mit an, nahm sein Gewehr und feuerte sieben Schüsse ab. Der arme Wolf sank tot zu Boden. Durch solche Menschen heißt es: „Der Wolf ist ein Mörder!"

Völlig unbekannte Versionen
von Ann Mousy

1.) Kannte Rolf Wolfshohl Rotkäppchen? Querfeldeinforschungen bei der Tour de France 2.) Wolf, halt die Klappe! (Textheft für die Unterstufe) 3.) Rotkäppchen und der Werwohlwolf. Weißschonverlag 4.) Rotkäppchen und der große, böse Verreißwolf / Herausgegeben von Metzel Arm-Raznici 5.) Oh du mein rotes Käppelein. Ballade von Hugo Wolf 6.) Rotkäppchen auf dem Nürburgring. Oper von Wolf-Ferrari 7.) Rotkäppchen am Wolfgangsee, Sendung des Zweiten Deutschen Fernsehens 8.) Wolfsmilch macht müde Mädchen munter, Handbuch für den Werbetexter 9.) Rotkehlchen im Werk von Wolfskehl, Dissertation zur Erlangung der Narrenwürde 10.) Ich heulte mit dem Wolf. Erlebnisbericht von Anna Transuse 11.) Rotkäppchen und die Großfresse. Die Entstehung der Tischsitten, Supplementband 12.) Meerwolf mit roter Paprika, im aufsteigenden Dampf gegart 13.) Wolf Rachengold: Rotkappe und andere eßbare Pilze. Ein Sammelbericht 14.) Wolfdietrich von Bern im Rotbuchenwald (von Wolfram von Ebereschenbach) 15.) Der Kapp-Putsch und die roten Wölfe. Vaterländische Flugentenschrift. 16.) War der

Rote Baron ein Urenkel Rotkäppchens? Genealogisches Jahrbuch, 153. Jahrgang.

Rotkäppchen in fremden Zungen

1.) Little Red Riding Hood (Englisch) 2.) Le Petit Chaperon Rouge (Französisch) 3.) Cappuccetto Rosso (Italienisch) 4.) Caperucita Roja (Spanisch) 5.) Barretineta Roja (Katalanisch) 6.) Capuchinho Vermelho (Portugiesisch) 7.) Roodkapje (Holländisch) 8.) Punamütsike (Estnisch) 9.) Czerwony Kapturek (Polnisch) 10.) Piroska és a farkas (Ungarisch) 11.) Masaldaki kirmizi başlikli kiz (Türkisch) 12.) I Kokkinoskoufitsa (Griechisch) 13.) Ruĝĉapulino (Esperanto).

Für Kenner
von Margi Emp

AT 333:
im Walde Keilerei.

Suchanzeige
von Unbekannt

Hallöchen! Samstag letzter Woche sah ich dich Blumen pflükken im Rapunzelwald. Du trugst ein purpurrotes Käppchen. Ich fragte dich nach dem Weg zur Großmutter, habe mich dann aber verlaufen. Würde dich so gern wiedersehen! Meld dich doch bitte unter der Chiffre ‚Beißerchen'. Ganz liebe Grüße, dein Wolfdieter.

Das Rotkäppchen und der Wolfspelz
von Peter Rühmkorf

Es war einmal ein kleines süßes Mädchen, ja, mit Apfelbäckchen so richtig zum Anbeißen und einem Haarschopf so gelb wie frischer Entenkükenflaum, das hatten alle Leute gern, die es ansahen, am liebsten aber seine gute Großmutter, die war Maßschneiderin in Niederwolfsbruchermoor bei Stade-Elbe. Als das Mädchen sechs Jahre alt war und in die große graue Schule nach Stade mußte, schenkte ihm sein Vater einen festen Rindslederranzen und seine Mutter ihm eine Fibel und ein Rechenbuch, seine Großmutter aber nähte ihm eine Haube so rot so rot, daß es schon auf tausend Schritt und mehr zu erkennen war und die Autofahrer augenblicklich den Gasfuß lockerten und auf die Bremse traten – ffffchchch – tschschschsch – rrrrmmmmmmms – zkk! Das war sicher einerseits gut. Zum andern sind die Menschen ja nicht gerade von den besten und die Schulkinder auch nicht viel besser, so daß sie das Mädchen wegen seiner Haube zu foppen begannen und ihm allerlei seltsame Necknamen anhängten, zum Beispiel Glühköpfchen, Rückleuchtchen, Rotkäppchen, da konnte das Mädchen schon froh sein, daß es schließlich auf dem „Rotkäppchen" kleben blieb.

Als das Rotkäppchen in die Jahre kam und fast schon so gut mit Nadel, Faden und Schere umgehen konnte wie die Großmutter-Maßschneiderin, trug es immer noch das wunderliche Kindermützchen. Ja, es schien sich sogar eine Lust aus dem Trotz zu machen und behielt die Kappe selbst dort auf dem Kopf, wo alle anderen Kinder ihre Mützen abzunehmen pflegen, in der Schule und im Kindergottesdienst, in der Stube und schließlich sogar im Bett. „Das ist doch wirklich zu und zu bunt mit dem Rotkäppchen", mochte dann der Vater gelegentlich auffahren, und die ratlose Mutter ergänzte seufzend: „Woher das Kind das nur hat?!" Das aber scherte sich nur wenig um das ganze Ordnungsgewese, und es dachte sich immer neue Anlässe aus, um ins ferne Niederwolfsbruchermoor zu radeln, wo die Schrebergärten unversehens in Äcker und Wiesen übergingen und die Wiesen und Weiden schließlich in den düsteren Wolfenbruch. „Gib nur acht, daß dich dort nicht mal ein fremder Mann anspricht!" – „Jojo, klarklar." – „Diesen Männern sieht man die Bösigkeit nämlich nicht gleich an der Nase an." – „Das hör ich jetzt schon zum hundertsten Mal!" – Wenn das Rotkäppchen aber wirklich einmal nachbohrte, wie die fremden Männer denn aussähen, etwa wie der Papa?, konnten seine Eltern auch nur sehr unbestimmt mit den Köpfen wackeln, najanun, wie der Papa selbstverständlich nicht, aber auch wie der Lehrer Langbehn nicht und nicht wie der Pastor Papenfoth und der Kaufmann Kophamel, aber ganz gewiß nicht gerade wie der böse Wolf. „Das ist immerhin was", dachte angeödet das Rotkäppchen, und es nahm sich vor, in Zukunft auf alle Männer zu achten, die nicht wie der Wolf und der Papa und der Lehrer Langbehn und der Pastor Papenfoth und der Kaufmann Kophamel aussahen.

An einem schönen Sommertag – so schön, daß sich alle Leute die Hemden aufknöpften und die Strümpfe runterkrempelten – wollte die Großmutter gern ihr vierzigjähriges Putzmacherjubiläum feiern. Da die Eltern mehr als genug zu tun hatten und auch am Abend nicht abkömmlich waren, schienen sie zum ersten Male richtig erleichtert, daß sie das Rotkäppchen schicken konnten, und gaben ihm neben vielen guten Ermahnungen noch einen schokoladenüberzogenen Napfkuchen, eine große Flasche Rotwein und eine frisch geschärfte Schneiderschere mit auf den Weg. Wie es so ein Stündchen oder zweie durch die sengende Sonne gefahren war und aus purem Vergnügen noch einmal um den Hasenberg herum und noch einmal mit Karacho am Mühlenbach entlang, geschah es aber, daß der Schokoladenguß immer weicher und weicher wurde und die klebrige Masse schon durch das Packpapier schlug. Das Rotkäppchen, das wohl merkte, daß die Klebrigkeit irgendwie mit seiner Säumigkeit zusammenhing, dachte gleich, den Schaden werden wir besser unterwegs beheben. Am Rand des Waldes, wo es sich unbeobachtet glaubte, wickelte es also den Kuchen vorsichtig aus dem Papier und wischte erst die eine Schokoladenträne mit dem Zeigefinger auf, dann die andere mit dem Mittelfinger, dann die dritte mit dem Ringfinger, aber die Haut wurde dadurch nicht im mindesten glatter, allenfalls fleckiger, schrundiger, und so nahm es denn schließlich seine lange Zunge zu Hilfe und leckte mit der Sonne um die Wette die gesamte süße Oberfläche ab. Weil es aber vom Lecken und Schlecken großen Durst bekommen hatte, nahm es auch noch einen Schluck aus der großen Rotweinflasche – der schmeckte ihm herzlich sauer, brrr! –, aber der zweite und dritte und vierte mundeten schon etwas besser, bis das Rotkäppchen – wie sollen wir sagen? – auf eine seltsame Weise unternehmungslustig wurde und ganz tolle Schlangenlinien fuhr, zuerst nur weiter am lustig gewundenen Bach entlang und dann in den düsteren Wald hinein, dort wollte es die zu einem Viertel geleerte Flasche an der Mühlbachquelle wieder auffüllen.

Wer beschreibt seinen Schrecken, als es grad seine Rökke rafft, um zum Wasser niederzusteigen, und aus dem dunkelbunten Dickicht tritt auf einmal der Wolf hervor? Nun hatte es zwar keine großbesondere Angst vor solchen Wölfen, aber die Naschkatze ließ es sich doch nur ungern ansehen, und der Vorsatz der Weinpanscherei schien überhaupt nicht mehr zu vertuschen. So sagte es denn mit übertriebener Höflichkeit, guten Tag, der Herr Wolf, und ob der Herr Wolf sich nicht zu einem Schlückchen niederlassen möge, denn: mitgestohlen, dachte es bei sich, heißt wohl auch: mitverhohlen. Der schüttelte aber nur die lange Nase und sagte höflich, der Wein sei zwar bemerkenswert rot, aber doch nicht halb so hübsch rot wie des Rotkäppchens mohnrote Mütze. – „Die hat mir die Großmutter genäht." – „Die Großmutter? Ei, da würde einer wie wir schon etliche Taler hinlegen, um solch ein Schmuckstück zu erwerben." – „Nichts leichter als das, es ist von hier aus nur eine kleine Stunde Wegs und gleich zwischen Waldrand und Dorfende." Dann beschrieb das Rotkäppchen dem Wolf den etwas verwundenen Weg mit allen Haken und Ösen und Abnähern, und um ganz sicher zu gehen, daß der Wolf seine Absicht auch wahrmache, drückte es ihm am Schluß die Weinflasche in seine Pfoten: „Da! geh schon einmal voraus und sag der Großmama, das Rotkäppchen wäre noch ein wenig Blumenpflücken gegangen." „Den Teufel auch!" dachte der Wolf, „das nimmt ja richtig Gestalt an. Und wo wir erst in der friedlichen Hütte beisammen sind, wird uns auch kein Jäger mehr nachstellen."

Als der Wolf bei dem Hüttchen anlangte – hübsch unbequem auf zwei Beinen, die ungewohnte Last an den Brustlatz gepreßt –, fand er die Türe nur angelehnt. Vorsichtig warf er zunächst einen spitzigen Blick durch den Spalt, da sah er die Großmutter hoch aufgerichtet und mit abgewandtem Gesicht bei der Nähmaschine stehen, eine stattliche Frau, wie es schien, und für einen ausgehungerten Räuber gerade das richtige, und ohne sich lange mit einem „schönen Gruß" oder einem „guten Tag" aufzuhalten, machte er einen mächtigen Satz in die Stube hinein und verschlang die stumme Person mit Haut und Haar und all ihren Röcken und Bändern. „Den Teufel auch", dachte der Wolf, „das kann selbst einem gelernten Kälberdieb zu schaffen machen." Dann sah er sich, der Ordnung halber, etwas in dem Zimmer um, fand aber außer einem Zettel mit der Aufschrift „Bin gleich wieder da" nichts sonderlich Verdächtiges und streckte sich satt und müde auf dem breiten Großmutterbett zum Schlafen aus.

Wer kann heute noch sagen, wie lange er sich so in süßen oder schweren Träumen wälzte? Immerhin stak die Sonne schon tief im Gehölz und die Vögel stimmten auch bereits ihre Abendlieder an, als das Rotkäppchen eintrat und mit viel Trara und Gelärm seine hübschen Wiesenblumen auf mehrere Einmachgläser verteilte. „Das nenn ich mir Zeit vertrödeln", sagte ungehalten der Wolf, „was treibst du dich so lange im wilden

Wald herum?!" – „Du sollst reden, liegst hier dick und fett in der Oma ihrem Bett und willst mir noch nachträglich Vorschriften machen." – „Das hat mir die Großmutter aufgetragen." – „Wers glaubt, wird selig, und wo ist sie abgeblieben?" – „In den Wald, nach dem Rotkäppchen kucken. Komm, reich mir einen Schluck Wein, der weite Weg und das lange Warten haben mir einen richtigen Brand gemacht." – „Nix, nix, der Rest bleibt für die Oma." – „Ei, so herum auf einmal, kleine Kröte, und hab ich dich nicht eben noch vom Rotwein schlekken und den Kuchen ablecken sehen?!" – In diesem Augenblick erkannte das Rotkäppchen glasklar-eiskalt, daß es in einer Falle saß. So hatte der finstere Geselle denn sein ganzes heimliches Treiben mitbekommen und sich nur arglistig blind gestellt. Und es dachte mit trüben Sinnen: „Genau wie der Papa, wenn er mich beim Lehrer Langbehn anzuschwärzen droht." Der Wolf, der freilich seine eigenen Gedanken hatte, sinnierte vor sich hin: „Was mag es nur sein, das mich so durstig macht? Das kann doch die alte salzige Großmutter nicht allein gewesen sein."

Während das Rotkäppchen ihm notgedrungen nach- und nachschenkte und, wie wir gestehen müssen, bei jedem Glas auf ein halbes mithielt, geschah es aber, daß der Wolf immer tiefsinniger und melancholischer wurde und das Rotkäppchen immer ausgelassener. Der Wolf wollte lange Gespräche über einsame Wölfe führen – das Rotkäppchen klapperte mit der Schere herum und schnitt unsichtbare Figuren aus der Luft. Der Wolf versuchte, dem Rotkäppchen tief in die Augen zu sehen – das Rotkäppchen tutete auf dem Flaschenhals. Der Wolf haschte ungeschickt nach des Rotkäppchens Schürzenbändern – das Rotkäppchen wollte tanzen und sich im Kreise drehn. „Und wenn hier kein Mensch mit mir tanzt, dann tanz ich eben mit der Großmutter ihrer Schneiderpuppe!" Dabei stampfte das Mädchen klotzig mit dem kleinen Hacken auf und drehte sich wild entschlossen nach der Puppe um, die freilich fand sich weder an ihrem gewohnten Platz noch an einem anderen ungewohnten, und höchst verwundert fragte sich das Mädchen: „Die wird die Oma doch nicht mit in den Wald genommen haben?" Der Wolf aber, der nicht recht wußte, was er sich unter einer Schneiderpuppe vorzustellen habe und doch auch nicht so dumm erscheinen wollte, wie er wirklich war, lenkte vorsichtig abwiegelnd ein: „Wenn das die Eltern wüßten, wie du zu nachtschlafender Zeit noch so hitzig herumtollst! Komm, laß es gut sein, Rotkäppchen, und uns zu Bett begeben, wie es sich gehört."

Der Gedanke an seine Eltern brachte augenblicklich etwas Ruhe in das Rotkäppchen. Auch meinte es in seinem Übermut, daß *„zu Bett"* noch lange nicht *„schlafen"* heiße, und so sprach es denn zu dem Wolf: „Wohlan, mein Herr, wenn Ihr mir dreimal nachtut, was ich Euch vorexerziere, dann will ich gern mit Euch das Lager teilen." Das schien dem Wolf ein Wort, und er gab dem Mädchen die Pfote darauf. Nun machte sich aber das Rotkäppchen als erstes daran, sich die Hände und die Füße zu säubern. „Nichts leichter als das", sagte der Wolf, und er schrubbte und wienerte an sich herum, daß es nur so eine Art hatte. Als nächstes begann das Rotkäppchen, sich die Zähne zu putzen, und „ja das ist lustig und belehrend zugleich", sagte wieder der Wolf und fuhr sich mit der Wurzelbürste übers Gebiß, daß die Borsten sich nur so spreizten und der Geifer durch die Gegend flockte. „Und als drittes" – „Drittes?" – „als ein drittes und letztes wünsche ich mir von dir, daß du endlich deinen lausigen Kratzepelz ablegst." Dabei löste das Mädchen auch schon die Bänder seiner roten Haube, daß das goldene Haar wie ein Sturzbach niederschoß und der Wolf ganz stiere begehrliche Augen bekam, indes wie sollte ein Wolf – „Meinen Pelz? Ich ?! Ausziehn??" – seiner angeborenen Kleidung lebendigen Leibes ledig werden?

„Ja, sieh nur zu, wie du aus deinem Anzug herauskommst!" Der Wolf blickte grämlich schnüffelnd an sich herab, doch ließ sich auch bei genauester Prüfung kein Ausschlupfloch entdecken. „Nun, irgendeine verborgene Knopfleiste wird es wohl noch geben.“ Der Wolf zog der Probe halber einmal die Klauen durch die Zähne, aber es regte und rührte sich nichts. „Und wenn ich es denn nicht alleine kann“, rief er schließlich in seiner Verzweiflung, „so schneide du mir mit deiner Schneiderschere eine Öffnung in meinen Pelz, nur binde dein Käppchen nicht wieder fest und laß mich in alle Ewigkeit deine goldenen Haare schauen.“ Das Wort Ewigkeit ließ sich das Rotkäppchen nicht zweimal sagen. Geschwind wie eine geborene Schneiderin machte es dem Wolf ritschratsch ein paar passende Schnitte in den grauschwarzgrauen Overall, und schon zerrten und zogen sie mit vereinten Kräften an den Zipfeln herum, und ehe die beiden närrischen Wesen es sich versahen, stand – flupsch! – ein bleicher nackter Jüngling in der mausestillen Schneiderstube.

Zu erklären, wie es zu diesem Wunder hatte kommen können, blieb dem nackten fremden Manne leider keine Zeit. Kaum daß ihn ein unabwendliches Würgen angekommen war, kaum daß er den Finger in den Hals gesteckt und sich nach seinem furchterregenden Äußeren auch noch seines fürchterlichen Inneren entledigt hatte, knarzte auch schon die Haustür in den Angeln und – unberufen wie eine richtige Geistererscheinung – stand die Großmutter auf der Schwelle. „Aber Kinder, wie kann man denn solch einen Unfug treiben!“ – „Aber liebes Rotkäppchen, wie kann man denn so mit einer Schneiderpuppe herumkegeln.“ – „Aber mein Herr, wer wird denn einen so kostbaren Pelz einfach auf die schmutzigen Dielen werfen!“ Dann stellte sie die Kleiderpuppe wieder auf die Beine und legte ihr behutsam kennerisch den Wolfspelz um die Schultern: „Jaja, das ist ein märchenhafter Stoff, aber sagen Sie, mein Herr, wer hat Ihnen den so saumäßig zugeschnitten?“

Dank

Für freundliche Hilfe bedanke ich mich herzlich bei Wolfgang Mieder, Iring Fetscher, Reinhard Hippen, Hans-Jörg Uther, Hermann u. Marieluise u. Irmela u. Corinna Erckenbrecht, Bernd Feglerski-Waltenberg, Manfred Bosch, Jürgen Reich, Bernd Ulrich Hucker, Ulrich Bornebusch, Burckhard Garbe, Ulrich Link, Edith Leitis, Erika Fleischmann, Heinz Klüter, Lothar Turowski, Eleonore Lindenberg, Liselotte Suschke und Dieter Hennig. Danken möchte ich auch den Autoren und Verlagen, die Abdrucke genehmigten, sowie den Einrichtungen, bei denen ich bibliographisches und ikonographisches Material sammeln konnte: der Bibliothek des Brüder-Grimm-Museums in Kassel, dem Archiv der Enzyklopädie des Märchens in Göttingen, dem Institut für Jugendbuchforschung in Frankfurt, dem Sigmund-Freud-Institut in Frankfurt und dem Deutschen Kabarettarchiv in Mainz.

Diese 10. Auflage enthält eine Reihe weiterer Versionen, die ich entweder ganz abgedruckt oder auszugsweise zitiert oder bibliographisch nachgewiesen habe. Ein paar Versionen aus den früheren Auflagen habe ich weggelassen – wer sie nachlesen will, kann sich in den Bibliotheken diese früheren Auflagen besorgen. Dringelassen habe ich die Rotkäppchengeschichten um Franz Josef Strauß und aus der ehemaligen DDR, die zwar an Aktualität verloren, aber dafür einen Rang als historische Dokumente gewonnen haben.

Wenn der aufmerksame Leser Widersprüche zwischen den Aussagen in der 10. Auflage und denen in den früheren Auflagen entdeckt, so gilt im Zweifelsfall immer das, was in der 10. Auflage steht, denn ich habe, wie sich das für einen anständigen Autor gehört, die Gelegenheit genutzt, um Fehler, Irrtümer und Ungenauigkeiten auszubügeln.

Mein Dank gilt schließlich den zahllosen Leserlein, die seit dem Juni 1981 die deutsche Ausgabe und später die italienische Ausgabe meines Buches gekauft haben. Mögen Rotkäppchen und Wölfchen auch weiterhin viele Freunde, Liebhaber und Feinschmecker im Publikum finden!

Nachweise, Hinweise, Erläuterungen

S. 8 M. Rumpf, Rotkäppchen, Eine vergleichende Märchenuntersuchung, Ffm 1989; M. Rumpf, Ursprung und Entstehung von Warn- und Schreckmärchen, Helsinki 1955; P. Delarue, Les contes merveilleux de Perrault et la tradition populaire, Le petit chaperon rouge, Bulletin folklorique d'Ile de France 1951/53; P. Delarue, Le conte populaire français, Bd. 1,

2. Aufl., Paris 1976, S. 373-383; H. P. Duerr, Traumzeit, Über die Grenze zwischen Wildnis und Zivilisation, Ffm 1978. – „Niemand hat jemals einen Werwolf gesehen, aber viele haben daran geglaubt" (Voltaire, Philosophische Briefe, Nr. 25). „Meist stehen selbst die für gescheit Geltenden noch auf der Stufe der Kinder, die an Ammenmärchen glauben..." (Voltaire, Schriftenauswahl, hrsg. P. Sakmann, Leipzig ohne Jahr, Kröners Taschenausgabe Bd. 40, S. 174).

S. 9 E. Zimen, Der Wolf, Verhalten, Ökologie und Mythos, München 1990.

S. 9f E. Tegethoff (Übers.), Französische Volksmärchen, Bd. 2, Jena 1923, S. 259f (Nachdruck: hrsg. F. Karlinger/R. Soupault, Bd. 2, München 1989, S. 113f). Statt ‚Groß' steht in meinem Abdruck immer ‚Großmutter'.

S. 10f A. Calvetti, Una versione romagnola di Cappuccetto Rosso, In Rumâgna, Jg. II/1975, n. 2-3, S. 85-94 (alle anderen Rotkäppchenbibliographien lassen diesen Aufsatz Calvettis irrtümlicherweise mit einer anderen Seitenzahl enden, weil sie Illustrationen dazuzählen, die in der Seitenzählung der Zeitschrift gar nicht mitgezählt sind – auf der Seite, mit der die anderen Bibliographien den Aufsatz Calvettis enden lassen, beginnt bereits der nächste Beitrag); A. Calvetti, Tracce di riti di iniziazione nelle fiabi di Cappuccetto Rosso e delle tre ochine, Lares XLVI, Nr. 4, Oktober/Dezember 1980, S. 487-496; A. Calvetti, Fungo agarico moscario e Cappuccio Rosso, Lares LII, Nr. 4, Oktober/Dezember 1986, S. 555-565; S. Singer, Aufsätze und Vorträge, Tübingen 1912 (Deutsche Kinderspiele: S. 1-36). Zum mutmaßlichen Zusammenhang zwischen Märchen und Initiationsriten s. auch: M. Eliade, Das Mysterium der Wiedergeburt, Ffm 1988, S. 74f, 226f.

S. 11ff C. Perrault, Die Märchen, übers. U.F. Müller, München 1973, S. 30-37; C. Perrault, La Barbe bleue et autres Contes de Fées, Stuttgart 1990, S. 20-24. Die Übersetzung von Müller ist die beste mir bekannte Übertragung. Andere Übersetzungen (z.B.: C. Perrault, Sämtliche Märchen, übers. D. Distelmaier-Haas, Stuttgart 1986, S. 70-73) zeigen ihre Unzulänglichkeit schon dadurch, daß sie nicht in der Lage sind, Perraults gereimte Abschlußmoral in gute Verse zu bringen. – Warum Perrault sein Märchen ‚Le petit chaperon rouge' nannte, hat M. Frank zu erklären versucht: bis ins 16. Jahrhundert sei in Frankreich ein Käppchen mit Band und Quaste als Kopfbedeckung verbreitet gewesen und habe vor allem in Nordfrankreich zur bäuerlichen und kleinbürgerlichen Tracht gehört; noch bis zu Perraults Zeit seien die Dorfmädchen ‚chaperons' gerufen worden (L. Tieck, Phantasus, Schriften, Bd. 6, hrsg. M. Frank, Ffm 1985, S. 1340). In der Schwalm, dem deutschen Rotkäppchenländchen, war das rote Käppchen das Erkennungszeichen der unverheirateten Bauernmädchen.

S. 14 W. Benjamin über den „befreienden Zauber" der Märchen: Illuminationen, Ausgewählte Schriften, Ffm 1961, S. 429f; E. Bloch, Erbschaft dieser Zeit, Ffm 1962, S. 182ff; E. Bloch, Literarische Aufsätze, Ffm 1965, S. 344f; L. Röhrich, Gebärde, Metapher, Parodie, Düsseldorf 1967, S. 150f.

S. 14f L. Tieck, Schriften, Bd. 2, Berlin 1828, Nachdruck Berlin 1966, Leben und Tod des kleinen Rotkäppchens, Eine Tragödie, S. 327-362. Zur Entstehung und zu den Textvarianten: Dichter über ihre Dichtungen, Ludwig Tieck, Bd. 9/I, hrsg. U. Schweikert, München 1971, S. 226, 271; L. Tieck, Phantasus, Schriften, Bd. 6, hrsg. M. Frank, Ffm 1985, S. 1154f, 1202, 1337-1344. S. auch: L. Tieck, hrsg. W. Segebrecht, Darmstadt 1976, S. 231, 238. – J. Bark (Hrsg.), Literatursoziologie, Bd. 2, Stuttgart 1974 (S. 159-180: H.-W. Jäger, Trägt Rotkäppchen eine Jakobinermütze? Über mutmaßliche Konnotate bei Tieck und Grimm).

S. 17 E. Bloch, Das Prinzip Hoffnung, Bd. 1, Ffm 1967, S. 428; R. Hagen, Der Einfluß der Perraultschen Contes auf das volkstümliche Erzählgut und besonders auf die Kinder- und Hausmärchen der Brüder Grimm, Diss. Göttingen 1954; R. Hagen, Perraults Märchen und die Brüder Grimm, Zeitschrift für deutsche Philologie 74/1955, S. 392-410.

S. 18 H. Rölleke (Hrsg.), Brüder Grimm, Kinder- und Hausmärchen, Ausgabe letzter Hand, Stuttgart 1980, Bd. 1, S. 156-160 (s. auch Bd. 3, S. 59, 454); F. Panzer (Hrsg.), Die Kinder- und Hausmärchen der Brüder Grimm, Vollständige Ausgabe in der Urfassung, Wiesbaden 1955.

S. 23 Kinderanalyse: O. Rank, Psychoanalytische Beiträge zur Mythenforschung, 2. Aufl., Leipzig 1922, S. 65f; s. auch: O. Rank, Das Trauma der Geburt und seine Bedeutung für die Psychoanalyse, Ffm 1988, S. 120.

S. 26 Die Formulierung ‚im Drüben fischen' wird, soweit ich sehe, nicht weniger als vier Urhebern zugeschrieben: Wolfskehl, Gundolf, Klabund, Bloch. Wer nun war der erste? Ein fünfter?

S. 36 Vergewaltigung ist nur eine von vielen Interpretationsmöglichkeiten. Wer wie manche Autorinnen den Wolf nur als Vergewaltiger begreift, projiziert seine Ängste und Traumata auf das Tier und vergewaltigt den Märchentext.

S. 37 Einer Notiz in der ‚Süddeutschen Zeitung' (24.3.1988) entnehme ich, daß Mediziner bestimmte Schnarchtonarten durchaus als Krankheitssymptome betrachten. Laut W. Freund (Der Wolfsmensch, Melsungen 1988, S. 42f) gibt es tatsächlich Wölfe, die schnarchen.

S.38 Zur Bedeutung des Steineindenbauchstopfens: M. Rumpf, Gastrotomie, Enzyklopädie des Märchens, Bd. 5, Lieferung 2/3, 1986, S. 740-743.

S. 39 ‚Homo homini lupus': eine von Hobbes, dem dieser Satz häufig zugeschrieben wird, lediglich zitierte und überdies relativierte These (s. Hobbes, Vom Menschen, Vom Bürger, Hamburg 1959, S. 59), die über Plautus auf Platon zurückgeht (s. Platon, Der Staat, Zürich 1974, S. 432f).

S. 40 Freud über Rotkäppchen: Gesammelte Werke, Bd. 7, S. 181; Bd. 10, S. 6f; Bd. 12, S. 49, 56-59; L. Veszy-Wagner, Little Red Riding Hoods on the Couch, The Psychoanalytic Forum 1/1966, S. 399-415. Ein unvollständiger Überblick über die zahllosen psychologischen Ausdeuteleien des Rotkäppchenmärchens ist zu finden in dem Buch: Little Red Riding Hood, A Casebook, hrsg. A. Dundes, Madison/London 1989, S. 192-236.

S. 41 E. Fromm, Märchen, Mythen und Träume, Konstanz 1957, S. 221-226.

S. 45 Im französischen Argot ist das rote Käppchen die Bezeichnung für die Menstruation, schreibt F. Karlinger (Grundzüge einer Geschichte des Märchens im deutschen Sprachraum, Darmstadt 1983, S. 144). Dies ist bestenfalls eine nachträgliche Witzboldelei, niemals aber die ursprüngliche Bedeutung des Käppchens.

S. 45 M. Soriano, Les contes de Perrault, Paris 1968, S. 46ff ; Delarue s. oben.

S. 46 B. Bettelheim, Kinder brauchen Märchen, München 1980; die folgenden Zitate dort S. 191-211.

S. 49 A.-M. Tausch, Einige Auswirkungen von Märcheninhalten, Psychologische Rundschau 2/1967, S. 104-116.

S. 50 M. Soriano, Les contes de Perrault, Paris 1968, S. 153.

S. 50f W. Rein/A. Pickel/E. Scheller, Das erste Schuljahr, Ein theoretisch-praktischer Lehrgang für Lehrer und Lehrerinnen sowie zum Gebrauch in Seminaren, 6. Aufl., Leipzig 1898, S. 196-199 (ähnlich: M. Troll, Der Märchenunterricht, 2. Aufl., Langensalza 1928, S. 49-57); F. Betz, Märchen als Schlüssel der Welt, 2. Aufl., München 1978, S. 73-79.

S. 52 S. Brandt, Rotkäppchen und der Klassenkampf, Der Monat 12/1960, S. 65-74; O. Gmelin, Eltern 11/1972, S. 12-21; O. Gmelin, Märchen für tapfere Mädchen, Gießen 1978, S. 16-18.

S. 54 O.G. Wittgenstein, Märchen, Träume, Schicksale, 2. Aufl., München 1981, S. 211-227; L. Veszy-Wagner s. oben.

S. 55 D. Laitenberger, Leben mit der Wolfsnatur, Olten 1991; W. Salber/G. Rascher, Märchen im Alltag, Köln 1986; W. Salber, Psychologische Märchenanalyse, Bonn 1987; s. auch: V. Kast, Märchen als Therapie,

Olten 1986, S. 14-45; L. Röhrich, Märchen und Wirklichkeit, 2. Aufl., Wiesbaden 1964, S. 190 (s. auch S. 52, 126f).

S. 56 Dem Deutschen Kabarettarchiv in Mainz verdanke ich Fotokopien diverser Rotkäppchenkabarettszenen, von den ‚Mainingern', dem ‚Kommödchen', den ‚Insulanern', von der ‚Distel', von den ‚Amnestierten', vom ‚Äugelskeß' und vom ‚Fortschrott'. Die Rotkäppchenversionen und -reflexionen der Kabarettisten M. Beltz, K.P. Schreiner, M. Richling, F. Hohler und F.J. Bogner habe ich im Haupttext dieser Auflage sowie teilweise schon in früheren Auflagen angeführt. Weitere Rotkäppchenkabarettversionen gibt es von H.-E. Wenzel und S. Mensching (s. Tages-Anzeiger, 19.10. 1987) und vom ‚Rationaltheater' (Hinweis von M. Bosch). – F. Abt, der Komponist des bekannten Liedes ‚Die Lindenwirtin', verübte einen Rotkäppchen-Gesangszyklus (op. 526) an einem Text von H. Francke. Eine kurze Probe mag genügen: „Der Jägersmann ist da, nun ist die Rettung nah, trara trara trara". Zur kompositorischen Qualität der Abtschen Musikwerke braucht man nur die hübsche Anekdote über eine Diskussion zwischen Liszt und Abt anzuführen. Abt setzte Liszt in einem langen Monolog auseinander, was man an Wagners ‚Walkürenritt' noch alles ändern und verbessern könne. Liszt hörte sich das eine Weile an und sagte schließlich: „Ja gut, aber dann wäre es kein Walkürenritt mehr, sondern ein Abtritt". – Weitere Rotkäppchenspuren in der Musik: F. Chopin, Briefe, Ffm 1984, S. 315; Wiener Zeitschrift, 1.4. 1819; A.F. Boieldieu, Rothkäppchen, Zauber-Oper in drei Acten, Deutscher Text bearbeitet von S. Krickeberg, Klavierauszug bearbeitet von R. Kleinmichel, Leipzig 1890. – Monty Python, Live at the Hollywood Bowl, 1982. Weitere Filme mit Rotkäppchenspuren: Cocoanuts, Marx Brothers, 1929; Red Hot Riding Hood, T. Avery, 1943; Bye, bye, Rotkäppchen, M. Mészaros, 1989; Grimms Märchen von lüsternen Pärchen, R. Thiele, 1969; Die gefürchteten Vier, R. Brooks, 1966; Vier Leichen auf Abwegen, L. Bacon, 1938; Primo Amore, D. Risi, 1978; Zeit der Wölfe, N. Jordan, 1984; Hausboot, M. Shavelson, 1958; Ein Fall für Zwei: Die Tochter, K.H. Willschrei, 1985; Bellissimo, A. Celentano, 1984. S. auch Ingmar Bergmans Rotkäppchenerwähnung in seiner Autobiographie (I. Bergman, Mein Leben, übers. H.-J. Maass, Hamburg 1987, S. 29). Zu den Kinderfilmen mit Rotkäppchenbeteiligung s. die einschlägigen Veröffentlichungen von W. Höfig. – J. Schwarz, Rotkäppchen, Märchen in drei Akten, Vervielfältigtes Bühnenmanuskript, Berlin o.J., S. 9, übers. G. Jäniche. Siehe und höre auch: Floh de Cologne, Rotkäppchen, Ein Märchen nach J. Schwarz, Tonkassette, 1991, Igel-Records.

S. 57 J. Thurber, 75 Fabeln für Zeitgenossen, Reinbek 1967 (Das kleine Mädchen und der Wolf: S.10).

S. 58 F.K. Waechter, Opa Huckes Mitmach-Kabinett, 2. Aufl., Weinheim/ Basel 1977, S. 34.

S. 59 S. Mrozek, Das Leben ist schwer, Satiren, übers. K. Staemmler, München 1985 (Rotkäppchen: S. 67f).

S. 61 T. Ungerers Märchenbuch, übers. H. Wollschläger, Zürich 1975 (S. 84-91: Rotkäppchen, überdacht und wiedergekäut).

S. 63 J. Ringelnatz, Das Gesamtwerk, hrsg. W. Pape, Bd. 4, Erzählungen, Berlin 1982, S. 298-300: Kuttel Daddeldu erzählt seinen Kindern das Märchen vom Rotkäppchen und zeichnet ihnen sogar was dazu (Faksimilenachdruck im gleichen Band auf S. 301-315 mit Ringelnatzens Zeichnungen). Erläuterungen zur Entstehung dort S. 405. Muckelmann: Spitzname eines Ringelnatzfreundes. – M. Pancritius, Aus mutterrechtlicher Zeit, Rotkäppchen, Anthropos 27/1932, S. 743-778.

S. 64 Im Original: ‚giebts' statt ‚gibts'. – Nikolajew liegt am Schwarzen Meer.

S.66 I. Fetscher, Wer hat Dornröschen wachgeküßt? Ffm 1974 (Rotschöpfchen und der Wolf: S. 28-32; s. auch dort S. 152f die Rotkäppchenschülerversion).

S. 67 F. Schanz, Wie unsere Märchen weitergehen, München/Berlin 1919 (unpaginiert).

S. 69 S. Heym, Erich Hückniesel und das fortgesetzte Rotkäppchen, Berlin 1977, S. 23-33 (unter dem Titel ‚Wie es mit Rotkäppchen weiterging' auch in: S. Heym, Märchen für kluge Kinder, München 1984, S. 55-60).

S. 73 Janosch erzählt Grimms Märchen, 5. Aufl., Weinheim/Basel 1978 (Das elektrische Rotkäppchen: S. 102-107); O. Waalkes, Schallplatte ‚Otto, die zweite', EMI-Electrola.

S. 74 Graef, Rotkäppchen, für Juristenkinder bearbeitet, Simplicissimus, 14. Jg., Nr. 37/1909, S. 232. Daß es sich bei dem Autor um Friedrich Jakob Graef (1846-1909) handelt, kann ich nur vermuten, nicht aber beweisen. Graefs Text wurde von R. Steiner plagiiert (Das tolle Entenbuch, hrsg. B. Gröttrup/H. Worm, Berlin 1933, S. 88) und vom Bayrischen Rundfunk ohne Autorennennung unter Hinzuschmuggelung eines neuen Satzes raubgesendet (vgl. L. Röhrich, Gebärde, Metapher, Parodie, Düsseldorf 1967, S. 139). Den Hinweis auf den Erstdruck im ‚Simplicissimus' verdanke ich einer Bibliographie von W. Mieder. Juristische Rotkäppchenjuxe enthalten auch das Hörspiel von Z. Petan (Der angeklagte Wolf, Saarländischer Rundfunk, 21.9. 1975) und das Buch: Cappuccetto Rosso ed il „Suo" Lupo, Un processo a Venezia, hrsg. D.

Schittar u.a., Mestre 1985. G. Holting, Das kleine Rotkäppchen, Berlin 1840; A.v. Ungern-Sternberg, Braune Märchen, Bremen 1850 (Neuausgabe: Bonn 1986, hrsg. N. Altenhofer); L. Bechstein, Sämtliche Märchen, Zwei Bände, hrsg. W. Scherf, München 1988 (s. auch W. Scherfs Kommentar: Bd. 2, S. 795f).

S. 77 I. Fetscher, Der Nulltarif der Wichtelmänner, Ffm 1984 (ursprünglich Sendung im NDR 3, 17.2. 1974).

S. 80 H. Heine, Sämtliche Schriften in zwölf Bänden, hrsg. K. Briegleb, München 1976, Bd. 3, S. 666; W. Majakowski, Werke, Bd. 1, Gedichte, übers. H. Huppert, Ffm 1973, S. 55 (eine Illustration dazu zeichnete A. Hrdlicka, Die Zeit, 28.12. 1979); K. Kraus, Dritte Walpurgisnacht, München 1967, S. 228f; R. Franz, Die schönsten Märchen für die nationale Kinderwelt, bearbeitet im Sinne des Reichsverbandes gegen die Sozialdemokratie, München 1911 (Neudruck: Bremen 1984).

S. 83f F. Redlich, Der Flüsterwitz, Publizistik, 8. Jg., 2/1963. – Die falsche Behauptung, Wugg Retzer sei der Verfasser der Rotkäppchensatire von 1937, hat zuerst Marga Buchele in ihrer Dissertation in die Welt gesetzt (s. M. Buchele, Der politische Witz als getarnte Meinungsäußerung gegen den totalitären Staat, Diss. München 1955, S. 89). Wie mir Frau Buchele jedoch während eines Telefonats am 28.10. 1991 mitteilte, hat sie diese Behauptung von einem ihr bekannten Doktoranden namens Anton Schwind übernommen, der diese Behauptung in seiner später erschienenen Dissertation wiederholte (s. A. Schwind, Bayern und Rheinländer im Spiegel des Pressehumors von München und Köln, München/Basel 1958, S. 64). Aus dieser trüben Doktorandenquelle haben diverse spätere Forscher die Behauptung unüberprüft übernommen.

S. 86 H.-J. Gamm, Der Flüsterwitz im Dritten Reich, München 1963, S. 193-195 (im Nachdruck von 1990 fehlt diese Passage – Gamm zitiert auf S. 100 der Ausgabe von 1963 noch eine andere NS-Rotkäppchenversion, die im Nachdruck von 1990 erhalten blieb); F. Karlinger, Grundzüge einer Geschichte des Märchens im deutschen Sprachraum, Darmstadt 1983, S. 144f; K.O. Paetel, Deutsche Innere Emigration, New York 1946, S. 72ff; M. Broszat, Rotkäppchen vor vierzig Jahren, Süddeutsche Zeitung, 19./20.2. 1977.

S. 87 H.-W. Jäger s. oben.

S. 88 Zu Rotkäppchen und F.J. Strauß inzwischen auch: J.-M. Günther, Der Fall Rotkäppchen, Ffm 1990, S. 74ff.

S. 93 J. Bilz/C. Bühler, Das Märchen und die Phantasie des Kindes, 4. Aufl., Berlin 1977, S. 111. – Ich ergreife die Gelegenheit, um an dieser Stelle einen Verlagseingriff in mein Rotkäppchenbilderbuch rückgängig zu machen, wo man den Text einer Kinderversion ohne mein Wissen sinnentstellend gekürzt hat (Bilder vom Rotkäppchen, hrsg. H. Ritz, München 1986, S. 53). Der ungekürzte Originaltext lautet: „Unsere dreijährige Imke erzählte Rotkäppchen in einer eigenen Fassung nach: ‚Aber Großmutter, warum hast du so eine große Nase?' – ‚Damit ich besser in der Nase bohren kann!' (Eingesandt von Heike Freser, Bremen)." Mein Rotkäppchenbilderbuch, das einhundert Illustrationen, Karikaturen und Annoncen enthält, ist vergriffen und wird nicht wieder aufgelegt. Über hundert weitere Rotkäppchenillustrationen, -karikaturen und -annoncen befinden sich in meinem Rotkäppchenarchiv.

S. 94 S. auch P. Kersten: „... wie konnten die Großmutter, Rotkäppchen und die sieben Geißlein überhaupt Platz finden im Bauch des Wolfes...?" (Briefe eines Menschenfressers, Köln 1987, S. 62f).

S. 94 J. Bilz/C. Bühler, Das Märchen und die Phantasie des Kindes, 4. Aufl., Berlin 1977, S. 104.

S. 96f F. u. G. Scupin, Bubis erste Kindheit, Ein Tagebuch, Leipzig 1907, S. 154 f u. 94.

S. 98 S. Mazzocchi, ‚Ma il lupo cattivo è la mamma', La Repubblica, 10.5. 1986.

S. 99 G. Ebers, Die Geschichte meines Lebens, 2. Aufl., Stuttgart 1893, S. 17f. Ähnliches berichtet A. Carter von ihrer Großmutter (s. Novelists in Interview, hrsg. J. Haffenden, London/New York, S. 83).

S. 100 J. Lemaître, En Marge des Vieux Livres, Bd. 1, Paris 1906, S. 133-146; F. Wolfzettel, Märchenmoral und Leseerwartung am Beispiel des Rotkäppchenstoffes, Text-Leser-Bedeutung, hrsg. H. Grabes, Grossen-Linden 1977, S. 157-175.

S. 101f C. Dickens, Weihnachtserzählungen, übers. C. Kolb/J. Seybt, 22. Aufl., Rastatt 1989, S. 184f; C. Dickens, Unser gemeinsamer Freund, Göttingen 1952, S. 52; C. Dickens, Bleakhaus, Darmstadt 1959, S. 196. Brief: s. M. Kotzin, Dickens and the Fairy Tale, Bowling Green 1972, S. 35; F. Wolfzettel s. oben.

S. 103 H. Siepe, Rotkäppchen einmal anders, Der fremdsprachliche Unterricht 65/1983, S. 40-48; M. Aymé, Les contes du chat perché, Paris 1939 (S. 167-182: Le Loup); M. Aymé, Kater Titus erzählt, übers. M. Lang, Einsiedeln 1964 (S. 39-53: Der Wolf).

S. 106 A. Amme, Der Rotkäppchenblues (80er Jahre). Von mir leicht überarbeitet. – B. Bell, Rein oder raus?! Der Grimm auf Märchen, hrsg. WP Fahrenberg, Hamburg 1989, unpaginiert. Von mir leicht überarbeitet.

S. 107 H. Erhardt, Der alte Wolf, Das große Heinz Erhardt Buch, 20. Aufl., München 1989, S. 100f; R.O. Wiemer, Der alte Wolf, Neues von Rumpelstilzchen und andere Haus-Märchen, Weinheim 1976, S. 73.

Von mir stark überarbeitet. – R. Krenzer, Schneewitzchen, Weinheim 1986, S. 14 (auf S. 14ff Rotkäppchen I, II und III). IV in: Menschengeschichten, Weinheim 1975, S. 196. – C. Buecherknecht, Die rüstige Großmutter, 1991. – K. Bartsch, Die Hölderlinie, Berlin 1983, S. 33; K. Bartsch, Weihnacht ist und Wotan reitet, 2. Aufl., Berlin 1986, S. 14-16.

S. 108 M. Kaléko, Der Stern, auf dem wir leben, Verse für Zeitgenossen, Reinbek 1984, S. 82f; G. Grass, Die Rättin, Darmstadt 1986, S. 287f und passim.

S. 109f J. Cocteau, Allégories, Paris 1941, S. 61f; L. Harig, Hundert Gedichte, München 1988, S. 97; E. Mörike, Sämtliche Gedichte, hrsg. H.G. Göpfert, München 1975, S. 287-289 (das Entstehungsdatum dieses Theologiestudentenstreichs – März 1826 – findet sich auf S. 655 dieser Ausgabe). Wie M. Frank berichtet (Kommentar zu: L. Tieck, Phantasus, Schriften, Bd. 6, Ffm 1985, S. 1338), führte Mörike zusammen mit seiner Schwester das Tiecksche Rotkäppchenstück auf einer Puppenbühne auf und schrieb seine Fortsetzungsverse, um eine fiktive Versöhnung zwischen dem reuigen Sünderwolf und dem armen Rotkäppchen herbeizuführen. – J. Jewtuschenko, Mutter und die Neutronenbombe, Ffm 1984, S. 30f; R. Dahl, Konfetti, Reinbek 1983, S. 68-70 u. 105-108; D.P. Meier-Lenz, Gefälle in Oktaven, Hamburg 1968, S. 25; J. Reichert, Gedichte aus Asche, Ffm 1979, S. 41f; J. Sauer, Rotköpfchen, Komm, du Großmaul, nasch mich! hrsg. R. Geyer, Ffm 1985, S. 54; R. Schneider, Dornröschen nimmt die Heckenschere, hrsg. B. Heidebrecht, Bonn 1985, S. 130f; S. Schüler, Schimmel werden schwarz geboren, Berlin 1982, S. 7; J. Schulz, Hammelweisheit, 3. Aufl., Berlin 1986, S. 36f; A. Weckmann, Rotkappel, Allmende 9/1984, S. 80; W. Sayer, Die übriggebliebenen Farben, Bremen 1984, S. 35; S. Stein, Baukasten, Halle 1983, S. 33; M. Mosebach, Rotkäppchen und der Wolf, Hamburg 1988; H. Ritter, Rotkäppchen, Kassel 1950; W. Mieder, Survival Forms of Little Red Riding Hood in Modern Society, International Folklore Review 2/1982, S. 23-40; Mädchen, pfeif auf den Prinzen, hrsg. W. Mieder, Köln 1983; Disenchantments, hrsg. W. Mieder, Hanover/London 1985; J. Schwedhelm, Scherz-Attacken, München 1982, S. 271 u. 27 (weitere Rotkäppchenversionen von J. Schwedhelm: Süddeutsche Zeitung, 9.5. 1970, Die Zeit, 21.6. 1974).

S. 110 In meinem zweiten Rotkäppchenbuch (Bilder vom Rotkäppchen, hrsg. H. Ritz, München 1986) hatte ich auf S. 10 eine aus der Sammlung W. Mieder stammende Karikatur wiedergegeben, die den Wolf als Fetischisten hinstellt beziehungsweise hinlegt. W. Mieder schickte mir inzwischen zwei weitere Karikaturen, in denen sich der Fetischwolf auf die Psychocouch bettet. Ich übersetze den jeweiligen Text. In der ersten

Karikatur fragt ein Seelenschlieferl den Wolf: „Wann hatten Sie zum ersten Mal das Bedürfnis, Frauenkleider anzuziehen?“ (Punch, 21.4. 1982). In der zweiten berichtet der Wolf: „Wissen Sie, es sollte eigentlich nur eine Geschichte von einem kleinen Kind und einem Wolf werden – aber wie es so geht, ich bin aus den Großmutterkleidern seitdem nicht wieder herausgekommen“ (G. Larson, 1988). Zur Psychologie und Ökonomie des Fetischismus vgl.: U. Erckenbrecht, Das Geheimnis des Fetischismus, 2., ergänzte Aufl., Göttingen 1984. In seinem Aufsatz ‚Little Red Riding Hood Rides Again – and Again and Again and Again‘ untersucht P. Nodelman über 30 Rotkäppchenkinderbuchausgaben und geht darin auch auf die Frage ein, ob und inwiefern der Wolf als Transvestit zu betrachten ist (Proceedings of the Fifth Annual Conference of the Children's Literature Association, hrsg. M.P. Esmonde/P.A. Ord, Villanova University, Pennsylvania, 1979, S. 70-77). – H. Venske, Posa & Damen, Hamburg 1974, S. 90-92; W. Flemmer, Rotkäppchen, Puppenspiel, ARD, 24.6. 1984; J. Petersdorf, Rotkäppchen '90, Eulenspiegel 32/ 1990 (weitere Rotkäppchenversionen von J. Petersdorf: Eulenspiegel 48/1982 + Funzel-Buch, Eulenspiegelverlag); J.L. García Sánchez, Es war einmal, es war keinmal, hrsg. M. Ulich/P. Oberhuemer, Weinheim 1985, S. 163f (Übersetzung von mir leicht überarbeitet).

S. 111 L. Rathenow, Berührung ist nur eine Randerscheinung, hrsg. S. Anderson/E. Erb, Köln 1985, S. 17; P. Wawerzinek, Es war einmal..., Berlin 1990, S. 38f (s. auch: Temperamente 1/1985, S. 133-136).

S. 112f A. Daudet, Le Roman du Chaperon-Rouge, Paris 1862; F. Wolfzettel s. oben; L. Tolstoi: s. A. Strobel, Die Sprache des Märchens, Baseler Nationalzeitung, 13.6. 1950; H. Pontoppidan, Rotkäppchen, übers. M. Mann, Berlin o.J. (um 1904); W. Scott: s. M. Tatar, Von Blaubärten und Rotkäppchen, Salzburg 1990, S. 93; W. Thackeray, Die Newcomes, Bd. 1, Wurzen 1854, S. 4 u. 8; I. Calvino, Fiabe Italiane, 5. Aufl., Turin 1967; M. Walser: s. B. Wessel, Rotkäppchen, The Contemporary Uses of a Traditional Fairy Tale, University of Vermont 1980, S. 44; W. Schnurre, Die Zwengel, Baden-Baden 1967, S. 31; P. Fleutiaux, Die Verwandlungen der Königin, übers. E. Helmlé, Stuttgart 1986, S. 76-104; A. Christie, Rotkäppchen und der böse Wolf, 8. Aufl., München 1979; L. Hiide, Rotkäppchen oben ohne, Reinbek 1987; M. Tikkanen, Ein Traum von Männern, nein, von Wölfen, Reinbek 1987; U. Eggli, Freakgeschichten für Kinder und Erwachsene, 2. Aufl., Bern 1983, S. 31-34 (u.a.); M. Kassajep, Herr Wolf in Omas Bett, Süddeutsche Zeitung, 27./28.10. 1984 (u.a.); D. Barnes, Nachtgewächs, übers. W. Hildesheimer, Ffm 1971, S. 92; I. Staller, Cicciolina, München 1988, S. 13; A. Bartram, Der Rotkäppchen-Report, Comedia Colonia, WDR 3, 26.2. 1990; E. Kishon,

Wie unfair, David!, Ffm 1978, S. 94-96; I. Mansk, RotKapuze, übers. A. Duden/E. Fried, 2. Aufl., Düsseldorf 1985; K. Stadtmüller, Märchen, hrsg. K. Frank, München 1985, S. 26; G. Kunert, Herr Wolf und das Rottkeppel, Esquire 9/1988, S. 140f (unter verändertem Titel auch in: neue deutsche literatur 5/1991, S. 73-76); J. Schubiger, Neue Zürcher Zeitung, 31.7. 1987; A. Buchwald, Red Riding Hood outsmarts a modern wolf, Boston Globe, 26.3. 1985; Roda Roda, Gift und Galle, Magdeburg 1926, S. 151-155; K. Hoche, Crocodil 1/1987, S. 12; M. Beltz, Die Deutsche Opposition, München 1989, S. 38f, 64f, 90; M. Richling, Ich dachte, es wäre der Froschkönig, Stuttgart 1984, S. 15f, 75f, 115-123; F.G.v. Pocci, Die Zaubergeige und andere Märchenkomödien, Berlin 1977, S. 198-222; M.v.d. Grün, Bilderbogengeschichten, hrsg. J. Jung, München 1976, S. 95-97; H. Miller, Plexus, Reinbek 1970, S. 315-322; Grimmige Märchen, hrsg. W. Mieder, Ffm 1986, S. 129-147; Grimms Märchen – modern, hrsg. W. Mieder, Stuttgart 1979, S. 83-99; J. Zipes, Rotkäppchens Lust und Leid, Ffm 1985. Weitere Versionen: A. Stolper, Der Wolf, nicht totzukriegen, Es wird einmal, hrsg. H. Castein, Ffm 1988, S. 107-113; R. Angletter, Computer-Magazin 11/1987; Rotkäppchen im Spiegel der Presse, Eulenspiegel 53/1984; J. Wolkers, Oma's kwaal, Vrij Nederland, 27.4. 1985; R. Breitenstein, Märchen für Manager, München 1983, S. 34-40 (s. auch: Deutsches Allgemeines Sonntagsblatt, 28.10. 1984); G. Mensching, Rotkäppchen und der Schwan, Zürich 1984; N. Ney, Liebe, Laster, Leid & Lust, Trier 1983, S. 57-62; H. Schneider, züri-tip, 22.4. 1988; N. Schiller, Weltbühne 42/1929, S. 598f; Tetsche, Stern 44/1983; L. Röhrich, Tiererzählungen und ihr Menschenbild, The Telling of Stories, Odense 1990, S. 25; Füchsin, Dummerchen und Zauberin, hrsg. A. Carter, Reinbek 1991; W. Biermann s. Die Zeit, 15.11. 1991; Compagnia Buffo s. Die Zeit, 18.10. 1991.

S. 113f T. Instinsky, Höfchen 1/1965, S. 25; andere Zeugen: s. L. Röhrich, Gebärde, Metapher, Parodie, Düsseldorf 1967, S. 148; W. Siebeck, Die Zeit, 18.11. 1966 (s. auch: W. Siebeck, Gewußt wie, Zürich 1970, S. 27f + W. Siebecks beste Geschichten, Ffm 1979, S. 28f + Stern, 15.9. 1968 + Stern 2/1980 + Stern 2.9. 1982 + Stern, 15.11. 1984 + Die Zeit, 12.9. 1980); K. Millau, Süddeutsche Zeitung, 14./15.10. 1978 (s. auch Frankfurter Rundschau, 19.3. 1977 u. 23.12. 1978); K.P. Schreiner, Süddeutsche Zeitung, 5./6.5. 1984; M. Limmroth, Der große Nonsens, Hamburg 1983.

S. 114 W. Altendorf, Süddeutsche Zeitung, 13./14.6. 1970.

S. 115f A. France, Le Livre de mon ami, 107. Aufl., Paris ohne Jahr, S. 269 (von mir übersetzt); H. Traxler, Die Wahrheit über Hänsel und Gretel, Ffm 1978; G.d. Bruyn, Märkische Forschungen, Ffm 1981, S. 66-70; Little Red Riding Hood, A Casebook, hrsg. A. Dundes, Madison/

London 1989, S. 239-247; W. Mieder, Vorwort zu: M. Rumpf, Rotkäppchen, Eine vergleichende Märchenuntersuchung, Ffm 1989, S. 11f.

S. 116 Die nachfolgende Ergänzungsbibliographie zur Rotkäppchensekundärliteratur führt Titel, die auch bei A. Dundes und bei W. Mieder (s. oben) zu finden sind, nur dann an, wenn es sich um anderssprachige und abweichende Ausgaben und um Neuauflagen und Reprints handelt. Weitere sekundärliterarische Arbeiten sind in früheren Auflagen meines Buches aufgeführt. – D. Bao-Lin, Vorläufige vergleichende Untersuchung des Großmutter-Wolf-Märchens, Folkloristische Tribüne 1/1982 (China); N. Becker, Die Märchen von Charles Perrault im Unterricht, Die neueren Sprachen 2/1984; H. Becker-Voss, Rotkäppchen und seine Spuren, ‚... und so leben sie heute noch?', hrsg. L. Röhrich u.a., Freiburg 1990; E. Berne, Was sagen Sie, nachdem Sie ‚Guten Tag' gesagt haben? Ffm 1983; H. Brackert (Hrsg.), Und wenn sie nicht gestorben sind..., Ffm 1980; B. Bricout, L'Aiguille et L'Epingle, Quaderni del Seicento francese 4/1981; J.H. Brunvand, The Choking Doberman and other ‚New' Urban Legends, New York 1987; A. Burgess, Wiege, Bett und Récamier, Kleine Kulturgeschichte des Liegens, München 1985; I. Calvino, Fiabe Italiane, 5. Aufl., Turin 1967; H. Carpenter/M. Prichard, The Oxford Companion to Children's Literature, Oxford 1984; H. Cixous, Die unendliche Zirkulation des Begehrens, Berlin 1977; T.P. Coffin, The female hero in Folklore and Legend, New York 1975; R. Darnton, Das große Katzenmassaker, München 1989; P. Delarue, Le conte populaire français, Bd. 1, 2. Aufl., Paris 1976; C. Deulin, Les contes de Ma Mère L'Oye avant Perrault, Reprint Genf 1969; K. Doderer (Hrsg.), Über Märchen für Kinder von heute, Weinheim 1983; M. Eliade, Das Mysterium der Wiedergeburt, Ffm 1988; M.-L.v. Franz, Der Schatten und das Böse im Märchen, München 1985; J. Geninasca, Actes sémiotiques I/1, 1979; J.-M. Günther, Der Fall Rotkäppchen, Ffm 1990; R. Hagen, Der Einfluß der Perraultschen Contes auf das volkstümliche deutsche Erzählgut und besonders auf die Kinder- und Hausmärchen der Brüder Grimm, Diss. Göttingen 1954; D. Hannan, Märchen medial gedeutet, Altstätten 1988; J.E. Heuscher, A Psychiatric Study of Myths and Fairy Tales, 2. Aufl., Springfield 1974; E. Hlawatsch, Rotkäppchen von Perrault bis zur Gegenwart, Staatsexamensarbeit, Universität München 1991; A. Jalkotzy, Märchen und Gegenwart, Wien 1930; F. Karlinger, Grundzüge einer Geschichte des Märchens im deutschen Sprachraum, Darmstadt 1983; F. Karlinger (Hrsg.), Das Mädchen im Apfel, München 1964; Kinder leben mit Märchen, hrsg. A. Gahrlichs, Kassel 1988; E. Krause, Tuisko-Land, Glogau 1891; H. Laitenberger, Leben mit der Wolfsnatur, Olten 1991; H. Maass, Der Seelenwolf, Olten 1984; C.H.

Mallet, Am Anfang war nicht Adam, München 1990; C.H. Mallet, Das Einhorn bin ich, Hamburg 1982; W. Mieder, Aphoristische Schwundstufen des Märchens, Dona Folcloristica, hrsg. L. Petzoldt/S. Top, Ffm 1990; W. Mieder, Sprichwörtliche Schwundstufen des Märchens, Proverbium 3/1986; Y. Noguchi, Rezeption der Kinder- und Hausmärchen der Brüder Grimm in Japan, Diss. Marburg 1977; P. Péju, La petite fille dans la forêt des contes, Paris 1981; G. Peuser, Zweimal Rotkäppchen..., Schrift, Schreiben, Schriftlichkeit, hrsg. K.B. u. H. Günther, Tübingen 1983; J. Prestel, Märchen als Lebensdichtung, München 1938; O. Randak, Das Märchen, Düsseldorf 1980; O. Rank, Psychoanalytische Beiträge zur Mythenforschung, 2. Aufl., Leipzig 1922; O. Rank, Das Trauma der Geburt und seine Bedeutung für die Psychoanalyse, Ffm 1988; J. Rasch, Twee verschillende verklaringen van Roodkapje, Eigen Volk, Jg. 1934; H. Reinicke, Märchenwälder, Berlin 1987; D. Riesman, Die einsame Masse, Reinbek 1966; H. Ritz, La Storia di Cappuccetto Rosso, Genua 1985 (veränderte Ausgabe); L. Röhrich, Damit ich dich besser fressen kann... An Rotkäppchen, die süße Dirn, Und weil sie nicht gestorben sind..., Briefe an Märchenfiguren, hrsg. G. Graichen/H.H. Hillrichs, Hamburg 1991; H. Rölleke (Hrsg.), Kinder- und Hausmärchen, gesammelt durch die Brüder Grimm, Vergrößerter Nachdruck der zweibändigen Erstausgabe von 1812 und 1815 nach dem Handexemplar des Brüder-Grimm-Museums Kassel mit sämtlichen handschriftlichen Korrekturen und Nachträgen der Brüder Grimm, Göttingen 1986; H. Rölleke, Die Märchen der Brüder Grimm, München 1985; H. Rölleke, Wo das Wünschen noch geholfen hat, Gesammelte Aufsätze zu den Kinder- und Hausmärchen der Brüder Grimm, Bonn 1985; H.G. Rötzer (Hrsg.), Märchen, Themen, Texte, Interpretationen, Bamberg 1982; B. Rütten, Märcheninterpretation – dargestellt am Beispiel Rotkäppchen, Diplomarbeit, Fachhochschule Mönchengladbach 1982; M. Sahr, Stell dir vor, daß das Rotkäppchen Blaukäppchen heißt!, Diskussion Deutsch 91/1986; W. Salber, Psychologische Märchenanalyse, Bonn 1987; W. Salber/G. Rascher, Märchen im Alltag, Köln 1986; H. Schaufelberger, Märchenkunde für Erzieher, Freiburg 1987; H. Schaufelberger, Kennen Sie Rotkäppchen? der literat 5/1990; W. Scherf, Die Herausforderung des Dämons, München 1987; W. Scherf, Lexikon der Zaubermärchen, Stuttgart 1982; D. Schittar u.a. (Hrsg.), Cappuccetto Rosso ed il „Suo" Lupo, Un Processo a Venezia, Mestre 1985; B.P. Schliephacke, Märchen, Seele und Sinnbild, 2. Aufl., Münster 1983; G. Seitz, Die Brüder Grimm, München 1984; H. Siepe, Vom Rotkäppchen zum Grünkäppchen, Dortmunder Diskussionen zur Fremdsprachendidaktik, Dortmund 1979; M. Soriano, Les contes de Perrault, Paris

1968; K. Stiasny, Was Grimmsche Märchen erzählen, Bd. 1, Schaffhausen 1982; G. Szonn, Entwicklung und Reife im Märchen, Fellbach-Offingen 1989; K. Takano, Neues zur frühen Rezeption Grimmscher Märchen in Japan, Brüder Grimm Gedenken, Bd. 9, Marburg 1990; M. Tatar, Von Blaubärten und Rotkäppchen, Salzburg 1990; C.W. Thomsen, Menschenfresser, Wien 1983; F. Töppe, Das Geheimnis des Brunnens, Versuch einer Mythologie der Märchen, Bd. 1, Meerbusch 1985; M. Troll, Der Märchenunterricht, 2. Aufl., Langensalza 1928; M. Ulich/P. Oberhuemer (Hrsg.), Es war einmal, es war keinmal, Weinheim 1985; H.-J. Uther (Hrsg.), Märchen vor Grimm, München 1990; A. Verweyen, Geschichte der Märchen-Illustration, Märchen und Mythen, hrsg. W. Werner, Reinbek 1987; A. Verweyen, Rotkäppchen, Auf den Spuren von Konzepten, Ausstellungskatalog, Hanau 1986; A. Verweyen, Vom Bilderbogen zum Comic, Rotkäppchen und seine Illustratoren, Märchen in unserer Zeit, hrsg. H.-J. Uther, München 1990; K. Völker (Hrsg.), Von Werwölfen und anderen Tiermenschen, München 1977; J.d. Vries, Betrachtungen zum Märchen, Helsinki 1954; H. Weinrebe, Märchen-Bilder-Bücher, Ffm 1988; H. Weinrebe, Märchen-Bilder-Wirkungen, Ffm 1987; A. Wesselski, Versuch einer Theorie des Märchens, Hildesheim 1974; E. Wolfram, Psychologie in Märchengestalt, Leipzig 1912; H. Ziesler, Die Jungsche Märcheninterpretation, dargestellt am Märchen ‚Rotkäppchen', Staatsexamensarbeit, Gesamthochschule Essen 1985; J. Zipes, Rotkäppchens Lust und Leid, Ffm 1985 (geringfügig revidierte und erweiterte Ausgabe); H. Zitzlsperger, Kinder spielen Märchen, Weinheim 1980.

S. 116 „Jeder Unfug, der..." (Ulrich Erckenbrecht, Maximen und Moritzimen, Göttingen 1991, S. 28).

S. 117 H. Rölleke (Hrsg.), Kinder- und Hausmärchen, gesammelt durch die Brüder Grimm, Vergrößerter Nachdruck der zweibändigen Erstausgabe von 1812 und 1815 nach dem Handexemplar des Brüder-Grimm-Museums Kassel mit sämtlichen handschriftlichen Korrekturen und Nachträgen der Brüder Grimm, Göttingen 1986, Bd. 1, S. 117f; W. Scherf, Lexikon der Zaubermärchen, Stuttgart 1982, S. 313. Neuerdings hat man versucht, die Rolle der ‚Alten Marie' wieder aufzuwerten, doch bleiben diese Bemühungen für das Rotkäppchenmärchen ohne Belang. Die Grimms haben in ihrem Handexemplar hinter der Hauptversion des Rotkäppchenmärchens ‚Jeannette Herbst 1812' notiert und hinter der Nebenversion dieses Märchens ‚Marie Herbst 1812' – diese Marie kann nach allem Ermessen nur Marie Hassenpflug sein. Dazu s. auch: Die Grimm'schen Märchen der jungen Marie (Ill. A. Schindehütte), Marburg 1991.

S. 119 M. Rumpf, Rotkäppchen, Eine vergleichende Märchenuntersuchung, Ffm 1989, S. 34; P. Delarue, The Borzoi Book of French Folk Tales, New York 1956, S. 383 (ebenso in allen anderen einschlägigen Publikationen Delarues); L. Röhrich, Märchen und Wirklichkeit, 2. Aufl., Wiesbaden 1964, S. 52; G. Henßen, Deutsche Schreckmärchen und ihre europäischen Anverwandten, Zeitschrift für Volkskunde 50/1953, S. 92.

S. 121 G. Hüsing, Mitra 10/1914, S. 291; H. Ziesler, Die Jungsche Märcheninterpretation, dargestellt am Märchen ‚Rotkäppchen', Staatsexamensarbeit, Gesamthochschule Essen 1985; O. Vedfeldt, s.: B. Holbek, Interpretation of Fairy Tales, Helsinki 1987, S. 311-314; H. Maass, Der Seelenwolf, Olten 1984, S. 24f; Freud s. oben; C.G. Jung, Gesammelte Werke, Bd. 4, S. 237-240.

S. 122f Alkohol: A. Jalkotzy, Märchen und Gegenwart, Wien 1930, S. 60; M. Ulich/P. Oberhuemer (Hrsg.), Es war einmal, es war keinmal, Weinheim 1985, S. 160; California School bans Red Riding Hood, Chicago Tribune, 20.5. 1990 + Rotkäppchen auf dem Index, Badische Zeitung, 30.9. 1991; E. Wolfram, Psychologie in Märchengestalt, Leipzig 1912, S. 32f; G. Peuser, Zweimal Rotkäppchen..., Schrift, Schreiben, Schriftlichkeit, hrsg. K.B. u. H. Günther, Tübingen 1983, S. 147; J.M. Golden, Interpreting a Tale, Poetics 14/1985, S. 503-524; C. Høgh, kursiv 2/1982, S. 9-18 u. 2/1983, S. 67-72; G. Prince, A Grammar of Stories, The Hague/Paris 1973, S. 84-100; V. Laruccia, Modern Language Notes 90/1975, S. 517-534; J. Geninasca, Actes sémiotiques I/1, 1979, S. 3-34.

S. 123f E. Zimen, Der Wolf, Verhalten, Ökologie und Mythos, München 1990; E. Zimen, Wildwege Europas, München 1990; E. Zimen, Der Hund, München 1988; W. Freund, Der Wolfsmensch, Melsungen 1988; R. Delort, Der Elefant, die Biene und der heilige Wolf, München 1987; D. Bernard, Wolf und Mensch, Saarbrücken 1983; C.-C. u. G. Ragache, Les Loups en France, Paris 1981.

S. 124f Häuptling Büffelkind Langspeer erzählt sein Leben, München 1958, S. 126; W. Freund, Der Wolfsmensch, Melsungen 1988, S. 166; Fangprämien: s. Geo 1/1987 u. Plutarch, Lebensbeschreibungen, Bd. 1, München 1913, S. 51, 82, 233; in Deutschland bilden Wolfsfelle noch in unserer Zeit 5% der gesamten Fellnachfrage (nach: Natur 11/1987).

S. 125 U. Eco, Streichholzbriefe, München 1990, S. 23 (Übersetzung von mir leicht verändert nach der besseren Erstübersetzung in der ‚Zeit', 9.10. 1987).

S. 127 Platon, Der Staat, Zürich 1974, S. 107 u. 154 (s. auch Platon, Meisterdialoge, Zürich 1974, S. 255: „Sokrates: Nun also, Phaidros, man sagt, es sei gerecht, auch die Sache des Wolfes zu vertreten. Phaidros: So mach das nur!").

S. 127f Aristoteles, Nikomachische Ethik, Ffm 1957, S. 72; Plutarch, Lebensbeschreibungen, Bd. 1, München 1913, S. 26; Sueton, Leben der Cäsaren, Zürich 1970, S. 145; s. auch: K. Kerényi, Die Mythologie der Griechen, Bd. 1, München 1966, S. 36; Kant, Werke in zwölf Bänden, Ffm 1968, Bd. II, S. 834 u. Bd. XII, S. 446, 682, 697, 735; Lichtenberg, Sudelbücher I, 2. Aufl., München 1973, S. 471, 755; Hegel in Berichten seiner Zeitgenossen, hrsg. G. Nicolin, Hamburg 1970, S. 228; Hegel, Werke in zwanzig Bänden, Ffm 1969ff, Bd. 1, S. 181, 197 + Bd. 2, S. 312 + Bd. 10, S. 168, 349f + Bd. 11, S. 216, 218 + Bd. 12, S. 270 + Bd. 13, S. 281, 400ff, 500, 538 + Bd. 19, S. 122; Engels, MEW-Erg.bd., 2. Teil, Berlin 1967, S. 148; Marx: s. Brüder Grimm Gedenken, Bd. 7, Marburg 1987, S. 243f (s. auch: H. Kolb, Karl Marx und Jacob Grimm, Archiv für das Studium der neueren Sprachen und Literaturen 2/1969, S. 96-114); Schopenhauer, Die Welt als Wille und Vorstellung, Bd. 2, Darmstadt 1976, S. 279f; Nietzsche, Werke in drei Bänden, München 1956, Bd. 1, S. 232, 406, 837 + Bd. 2, S. 69 + Bd. 3, S. 320; L. Wittgenstein, Porträts und Gespräche, hrsg. R. Rees, Ffm 1987, S. 44f, 113 + Tractatus 4.014 + Philosophische Untersuchungen Nr. 282 + K. Wuchterl, Wittgenstein, Reinbek 1979, S. 87; Gramsci: s. L. Borghese, Brüder Grimm Gedenken, Bd. 3, Marburg 1975, S. 379 + G. Fiori, Das Leben des Antonio Gramsci, Berlin 1979, S. 226, 262; B. Russell, Ewige Ziele der Erziehung, Heidelberg 1928, S. 96; M. Heidegger, Identität und Differenz, Pfullingen 1957, S. 60; Adorno, Minima Moralia, Nr. 131 und Nr. 52 + Versuch über Wagner, München 1964, S. 145 + Fernsehinterview 1967, wiederholt im HR 3 am 31.8. 1989 (hier kontaminiert Adorno das Rotkäppchenmärchen mit dem Geißleinmärchen: der Wolf frißt Kreide, damit Rotkäppchen ihn mit der Großmutter verwechselt). Auch soll der unbekannte nordhessische Philosoph Ulrich Erckenbrecht unter fünf verschiedenen Pseudonymen über Rotkäppchen geschrieben haben.

S. 131 Novalis, Schriften, Bd. 3, Das philosophische Werk II, 3. Aufl., Darmstadt 1983, S. 377.

S. 132 Bilder vom Rotkäppchen, hrsg. H. Ritz, München 1986, S. 23; Rotkäppchen während der revolutionären Demonstrationen in der damaligen DDR: s. das Transparent, abgebildet in der FAZ, 6.11. 1989 (auch als Ansichtskarte verbreitet); s. auch Spiegel 11/1990, S. 16f und H. Haitzingers Karikatur über Rotkäppchen und Mischa Wolf, Bunte, 10.10. 1991.

S. 132 Novalis, Schriften, Bd. 3, Das philosophische Werk II, 3. Aufl., Darmstadt 1983, S. 281.

S. 135 Rotkäppchen aus der Sicht eines Chemikers: nach L. Röhrich, Gebärde, Metapher, Parodie, Düsseldorf 1967, S. 141f (zwei Sätze und Titel von mir verändert).

S. 137 Rotkäppchen auf Theologisch: nach L. Röhrich, Gebärde, Metapher, Parodie, Düsseldorf 1967, S. 143f (Titel von mir verändert).

S. 139 Rotkäppchen auf Mathematisch: Prisma 15/1977, S. 115; auch in: F. Wille, Humor in der Mathematik, Göttingen 1984, S. 88f (Titel und Text leicht verändert).

S. 140 Marx Brothers: Film ‚Cocoanuts', 1929.

S. 141 Rotkäppchen auf Amtsdeutsch: Trolls Satire wurde, wie mir seine Sekretärin und Nachlaßverwalterin mitteilte, 1953 geschrieben und seitdem vom Autor selbst verschiedene Male redigiert sowie von allen möglichen zwielichtigen Gestalten plagiiert. Druck nach einem Manuskript Thaddäus Trolls von 1980 (Titel von mir verändert).

S. 142 Rotkäppchen in der DDR: kursierte in der ehemaligen DDR, vermutlich seit den 60er Jahren (eine redaktionell gekürzte Fassung erschien in: Deutschland Archiv 1/1981, S. 19f). Originaltitel: Rotkäppchen, von neuem erzählt unter Voraussetzung sozialistischer Produktionsverhältnisse. Junge Pioniere: Kinderorganisation. Timurtrupps: Schülergruppen, die bei der Rentner- und Familienbetreuung mithalfen. Bitterfelder Weg: 1959 initiierte kulturpolitische Bewegung. Blaues Halstuch: wurde als Symbol der Einheit von Pionieren, Elternhaus und Schule gewertet. Seid bereit/Immer bereit: Gruß der Jungen Pioniere. Veteranenklub: Rentnerklub. Dederon: Kunststoff. SVK: Sozialversicherungskasse. AWG: Arbeiterwohnungsbaugenossenschaft. Spatz: leichtes Motorrad. VEB: Volkseigener Betrieb. Simson-Suhl: Fahrrad- und Motorradfabrik in Suhl/Thüringen. Junge Welt: Zeitung der FDJ (Freie Deutsche Jugend). VMI: Volkswirtschaftliche Masseninitiative. Volkssolidarität: Spendenorganisation.

S. 143 J. Becker, Warum 9/1977, S. 38.

S. 147 Rotkäppchen im Nationalsozialismus: zum Verständnis des Textes und der Überlieferungsgeschichte s. die Seiten 82-87 und 180. NSV: Nationalsozialistische Volkswohlfahrt. Pfundspenden: Nahrungsmittelspenden, die pfundweise an das NS-Winterhilfswerk gegeben wurden. Wühlmäuschen: Widerstandskämpfer.

S. 148 Rotkäppchen im amerikanischen Militärjargon: 1965 (geringfügig verändert). 1 ea: ein Stück. w/o: ohne. TWX: Telegramm, Fernschreiben, Telecommunication. Unclas: unclassified, nicht geheim. Clas: classified, geheim. Asap: as soon as possible. 1st Ind: erstes Indorsement (es wird kein Antwortbrief geschrieben, sondern der Originalbrief wird zurückgeschickt, mit der Antwort untendrunter oder auf der Rückseite). Eta:

expected time of arrival. Nlt: not later than. Tdy: temporary duty, Dienstreise. Last four: last four digits of serial number. Voco: vocal command. W/b: will be. AC: Account Current. Zero defects: null Fehler, einwandfrei. Ammo: ammunition. Nec: necessary.

S. 150 Rotkäppchen auf Linguistisch: 1982 (von mir stark überarbeitet).

S. 151 Rotkäppchen in der Werbung: Trolls Satire wurde, wie mir seine Sekretärin und Nachlaßverwalterin mitteilte, 1963 geschrieben. Druck nach einem Manuskript Thaddäus Trolls von 1980 (Titel von mir verändert). In meinem Rotkäppchenarchiv befindet sich noch eine dritte, ungedruckte Rotkäppchenversion Thaddäus Trolls, außerdem ein Bericht seiner Sekretärin und Nachlaßverwalterin über das Schicksal seiner Rotkäppchenmanuskripte.

S. 154 Rotkäppchen in der Scene: 1981 (von mir stark überarbeitet).

S. 155 Rotkäppchen auf Mecklenburgisch: Mecklenburgische Volksmärchen, hrsg. S. Neumann, Berlin 1971, S. 131.

S. 156 Der Wolf im Lichte der Interaktionstheorie: 1984 (von mir leicht überarbeitet).

S. 159 Das Ende vom Lied: 1991.

S. 159 Rothkäppchen: 1982 (von mir leicht überarbeitet). In meinem Rotkäppchenarchiv befinden sich noch zwei weitere Rotkäppchenversionen von Wolfgang Sembdner.

S. 160 rotkapperl: J. Wittmann, Hansl, Grädl & Co., Märchen in bairischer Mundart, Feldafing 1977, S. 26.

S. 161 Das Rotkäppchen: Neue Zürcher Zeitung, 10.1. 1976 (Schluß von mir leicht verändert).

S. 163 Der Wolf erzählt: Gebt uns Bücher, gebt uns Flügel, hrsg. P.J. Schindler, Hamburg 1970, S. 86f.

S. 164 Das Rotkäppchen und der gute Wolf: Ambrosius bla bla, 1979/1980, S. 50.

S. 165 Völlig unbekannte Versionen: 80er Jahre.

S. 166 Für Kenner: 1990

S. 166 Suchanzeige: 1986.

S. 167 Das Rotkäppchen und der Wolfspelz, 1981 (mit kleinen Abweichungen auch in: P. Rühmkorf, Der Hüter des Misthaufens, Reinbek 1983, Taschenbuchausgabe 1987, Rowohlt-Verlag).

Kurz vor Druckbeginn der 10. Auflage werde ich auf folgende Version aufmerksam gemacht: L. Voigt, Rotgäbbchen, Deutsch-Sächsisch, hrsg. B.-L. Lange, Ffm 1991, S. 30-32. Ich bitte meine Leserschaft, mich kontinuierlich über neue Rotkäppchenversionen zu informieren: Hans Ritz, c/o Muriverlag, Postfach 1765, D-3400 Göttingen.

WEITERE MURIBÜCHER

Ulrich Erckenbrecht
Maximen und Moritzimen
Bemerkungen über dies und jenes
175 S., illustriert, 10,- DM
ISBN 3-922494-11-0

Hans Ritz
Die Sehnsucht nach der Südsee
Bericht über einen europäischen Mythos
175 S., illustriert, 2. Aufl., 10,- DM
ISBN 3-922494-06-4

Hans Ritz
Ringelsternchen
Gedichtsel
95 S., illustriert, 2. Aufl., 8,- DM
ISBN 3-922494-09-9

Ulrich Erckenbrecht
Ein Körnchen Lüge
Aphorismen und Geschichten
79 S., illustriert, 3. Aufl., 6,- DM
ISBN 3-922494-05-6

Ulrich Erckenbrecht
Sprachdenken
Philosophische Anregungen
196 S., nicht illustriert, 2. Aufl., 18,- DM
ISBN 3-922494-07-2